Martin Werlen

Baustellen der Hoffnung

Eine Ermutigung, das Leben anzupacken

W0174441

HERDER

FREIBURG · BASEL · WIEN

Satz: Carsten Klein, Torgau
Herstellung: GGP Media GmbH, Pößneck

Printed in Germany

ISBN Print 978-3-451-39591-8
ISBN E-Book (EPUB) 978-3-451-83223-9

Allen Mitarbeitenden in der Propstei St. Gerold,
mit denen zusammen ich Baustellen gestalten darf

Baufortschritt

Statt eines Vorwortes:
Was hat die Kirche noch zu sagen?

Die Kirche hat sich immer mehr von den Menschen verabschiedet. Im 21. Jahrhundert nimmt diese Bewegung katastrophale Ausmaße an. Musste man sich in unseren Breitengraden vor wenigen Jahrzehnten noch rechtfertigen, wenn man nicht mit der Kirche unterwegs war, so muss man sich heute rechtfertigen, warum man noch dabei ist. Der Vertrauensverlust ist enorm. Leute, die in dieser Situation Verantwortung übernehmen, sind rar geworden. Und das kann leider nicht überraschen. Die Polarisierung verstärkt sich. Da sind diejenigen, die aufgeben, weil sie nicht mehr damit rechnen, dass die dringenden Reformen angegangen werden. Und da sind jene, die hoffen, dass die – zumindest in ihrer Wahrnehmung – glorreichen Zeiten der Vergangenheit wieder zurückkehren. Aber: Wir können nur in der Gegenwart in die Zukunft leben. Die Vergangenheit ist vorbei. Sie kommt nicht mehr zurück. Die Auseinandersetzungen zwischen den verschiedenen Lagern und die damit verbundenen Blockaden nehmen mehr Energie in Anspruch als die Verkündigung des Evangeliums. Es ist tatsächlich zum Davonlaufen.

Warum ich noch dabei bin?

Der Kirche ist eine großartige Botschaft anvertraut. Sie steht dieser aber tragischerweise selbst im Weg. Ihre Impulse zu einem Leben in Fülle sind kaum mehr gefragt. Für sie scheint der Zug abgefahren. In den großen Unruhen Ende Juni 2023 in Frankreich schreibt Vatican News: »Zur Befriedung kann eine geschwächte Katholische Kirche wenig beisteuern.«[1] Ein theologischer Beitrag in der Herder Korrespondenz zu dem Religionsphilosophen Romano Guardini beginnt mit den Worten: »Taugt Romano Guardini (1885–1968) als Inspiration für eine Kirche, die gerade dabei ist, medial bloß noch als Problemfall wahrgenommen zu werden – deren Stimme im gesellschaftspolitischen Diskurs fast verstummt ist?«[2] Und doch gibt es immer wieder auch von unerwarteter Seite die Bitte, die Stimme zu erheben. Selbst in dieser Situation zum Davonlaufen werden gelegentlich Amtsträger der Kirche eingeladen, bei Veranstaltungen, die mit der Kirche auf den ersten Blick nichts zu tun haben, das Wort zu ergreifen – zum Beispiel bei einem internationalen Ärztekongress. Solch überraschende Momente und die daraus entstandenen Erfahrungen sind mit ein Grund, warum dieses Buch geschrieben wurde. Es ist also nicht ein Buch für die Kirche – das allerdings auch, und auch nicht ein Buch für die draußen – das aber auch. Es ist ein Buch für alle. Es sind ungewohnte Blicke auf unser Leben. Es geht um ein gemeinsames Unterwegssein. Dass dies möglich ist, habe ich in verschiedenen Begegnungen noch und noch erfahren. Meistens waren wir alle überrascht. Das ermutigt mich zu diesem Buch: danach zu fragen, wie die Kirche sich und andere wieder auf den Weg bringt. Dabei geht es nicht um Rezepte. Es geht um das konkrete Leben, es geht um den Alltag.

Möglich geworden ist dieser engagierte Weg mit einem neuen Bild für die Kirche, das ebenso ein Bild für unser Leben ist: die Baustelle. Neu ist dieses Bild eigentlich nicht, wie wir

---

1   https://www.vaticannews.va/de/welt/news/2023-07/frankreich-proteste-na-hel-nanterre-kirche-religion-reaktion-not.html.

2   Thomas Brose, *Inspiration auch für die Skeptiker*. In: *Herder Korrespondenz* 6/2023, 13.

entdecken werden. Aber es ist noch ungewohnt, obwohl es tief verankert ist auch im Leben der Kirche.

Daher zeigen sich im Folgenden immer wieder Überraschungen, die im Chaos von Baustellen auftauchen und doch ihren Sinn haben: Wir werden Künstler und merkwürdige Heilige treffen. Vom öffentlichen Nahverkehr, vom Autostopp und der Ökologie ist zu reden. Dem Bauarbeiter aus Nazaret werden wir als Meister für Menschen in Baustellen begegnen und werden von Gottesbegegnungen in ganz ungewohnten Milieus hören. Die Kreativität des Heiligen Geistes wird ziemlich hart mit der kirchlichen Realität konfrontiert werden. Ein neuer, ungewohnter Blick auf die Bibel wird dabei ebenso wichtig wie die Frage nach Alternativen des Zusammenlebens in einer Gesellschaft, der der Gedanke des Gemeinwohls immer mehr abhandenkommt. Und am Ende wird es um eine schier unglaubliche Kraft gehen, die uns aufatmen lässt. Lassen Sie sich also überraschen. All das kann auf dem Weg liegen, den wir jeden Tag zu gehen haben.

Dieses Buch ist selber eine Baustelle und das Nachdenken über die aufgeworfenen Themen »work in progress« – beim Schreiber und bei den Lesenden. Ich freue mich, wenn es im Ergebnis fortlaufend praktisch wird und zum Anpacken ermutigt.

Ein anderer Blick

Baustellen haben einen schlechten Ruf und keinen guten Namen – außer bei Bauunternehmen. Oft sind sie tatsächlich zum Verzweifeln. Es gibt Baustellen auf den Straßen. Sie haben lästige Staus zur Folge. In der eigenen Wohnung lassen sie uns sogar bei uns daheim als Fremde wohnen. Sind sie auf Brücken, entfernen sie Ziele durch lange Umwege. Haben sie sich auf Bahnstrecken niedergelassen, wirken sich die Verspätungen auf viele andere Züge aus. Das ist mühsam. Und oft genug sind Aggressionen oder Frust die Folge.

Und jetzt noch ein Buch über Baustellen?! Bücher mit »Baustelle« im Titel gibt es – außer in der Fachliteratur – nicht viele. Interessiert das überhaupt jemanden? Ich gehe trotzdem davon aus. Warum? Weil wir Tag für Tag mit Baustellen zu tun haben. Meistens ärgern wir uns darüber und stimmen zusammen mit anderen einen Klagegesang an. Wir lernen in diesem Buch, einen anderen, neuen Blick auf die Baustellen zu werfen und plötzlich überraschend anders mit ihnen umzugehen. Das ganze Leben wird aus einer ungewohnten Perspektive betrachtet.

Ein großer Denker des 20. Jahrhunderts begleitet mich jeden Tag: der Theologe Fridolin Stier (1902–1981). Viele Erfahrungen kann ich mit ihm teilen. Ich verstehe ihn, wenn er schreibt: »Mein Gott, ob ich es je einmal einem Menschen verständlich machen kann, welche Erkenntnis- und Begegnungswut in mir tobt?«[3] Er kommt in diesem Buch immer wieder zu Wort: mit seinen Aufzeichnungen und in seiner Über-

---

3   Fridolin Stier, *Vielleicht ist irgendwo Tag. Die Aufzeichnungen und Erfahrungen eines großen Denkers*, Freiburg i. Br. ²1993, 279.

setzung des Neuen Testaments. Fridolin Stier war mit dem herausragenden jüdischen Denker Martin Buber (1878–1965) befreundet. Miteinander haben sie darum gerungen, wie das Wort Gottes in die deutsche Sprache übersetzt werden kann, ohne dass ihm die Übersetzer im Wege stehen. Die Übersetzung der Texte aus dem Alten Testament ist von Martin Buber. Beide Übersetzungen sind ungewohnt und manchmal sperrig – so wie das Wort Gottes eben ist. Das passt hervorragend zu Baustellen. Das ständige Ringen um das richtige Wort ist harte und bleibende Arbeit im Haus der Sprache, das nie abgeschlossen ist.

Ich hätte mir früher nicht vorstellen können, dass ich einmal Freude an Baustellen bekommen könnte. Genau das ist aber in den vergangenen Jahren passiert. Seit 2020 bin ich im Auftrag der Klostergemeinschaft in Einsiedeln verantwortlich für unsere Propstei St. Gerold im Großen Walsertal in Vorarlberg. In der Zwischenzeit gab es hier mehrere Baustellen, darunter eine wirklich riesige. Das haben wir nicht einfach selbst beschlossen, sondern das historische Hauptgebäude musste einer Gesamtsanierung unterzogen werden, von den Behörden angeordnet aufgrund von Brandschutzvorgaben und wegen der heutigen Erfordernisse für Wasser- und Stromleitungen. Barrierefrei soll ein Gebäude heute selbstverständlich auch sein. Darüber hat man sich in den vergangenen Jahrhunderten keine großen Gedanken gemacht.

Aber wir alle leben im Heute. Manches, was früher gut war und genügte, ist heute ein Relikt aus längst vergangenen Zeiten. Dafür müssen wir nicht einmal bis in die Barockzeit zurückgehen. Wer heute auf die Fragen des 19. Jahrhunderts antwortet, muss sich nicht wundern, wenn er nicht verstanden wird. Wer sich den Herausforderungen der jeweiligen Epoche nicht stellt, ist schnell neben den Schuhen.

Mit der Baustelle leben

Die Sanierung des historischen Propsteigebäudes bescherte uns ab September 2021 eine große Baustelle mitten im Areal der Propstei. Zuerst beschäftigte uns die Frage: Können wir daneben den vielfältigen Betrieb überhaupt aufrechterhalten? Wir haben uns entschieden, den Betrieb weiterzuführen. Mittendrin eine Baustelle, und rundherum finden Seminare und Vorträge statt, erholen sich Menschen, treten Weltgrößen in Konzerten auf. Ist das möglich? Ja, offensichtlich. Die Baustelle wurde nicht einfach nur geduldet. Sie war dabei. Und wir lebten rundherum.

Hier in der Propstei durfte ich lernen: Wir brauchen nie zu bedauern und zu beklagen, dass wir leider eine Baustelle haben. Im Gegenteil: Wir dürfen von dieser Baustelle vor Ort lernen, mit den eigenen Baustellen besser umzugehen. Das ist vielen Gästen auch tatsächlich passiert. Ihnen ging auf, dass wir alle verschiedene Baustellen kennen: im eigenen Leben, in der Familie, in der Kirche, in der Politik, in der Wirtschaft, am Arbeitsplatz, in der Firma, im Krieg. Wohin wir auch schauen: Baustellen. Es wäre zum Verzweifeln, wenn man inmitten von Baustellen nicht leben könnte.

In den Jahren der Pandemie und des Angriffskrieges Russlands in der Ukraine mussten wir erschrocken feststellen, dass unser Leben auch in Europa weit mehr eine Baustelle ist, als wir uns das über Jahrzehnte hin bewusst waren. Viele wurden unerwartet aus der Illusion der Machbarkeit und der Kontrolle gerissen. Selbst dort, wo das Geld liegt, kann eine große Ohnmacht fast alles lähmen.

Diese schmerzliche Erfahrung machen wir auch bei Todesfällen in nächster Nähe, bei Erkrankungen und Unfällen. Wie brüchig ist unser Leben! Weit mehr, als wir es uns meistens eingestehen.

Baustellen begleiten uns bis zum Tod. Daran erinnerte uns die weitere Sanierung, die – zu unserer Freude – noch dazukam: der Friedhof. Ausgelöst wurde dieses Projekt durch Platzmangel. Die Bauherrschaft lag bei der Gemeinde St. Gerold. Die Planung wurde in Zusammenarbeit zwischen Gemeinde, Pfarre und Propstei gemacht. Der Friedhof, der aufgrund seiner einmaligen Gestaltung Tag für Tag viele Besucherinnen und Besucher hat (die nicht bleiben), war mehrere Monate lang nicht mehr zu betreten. Geöffnet wurde er nur, wenn jemand hineingetragen werden musste. Die Bauabfolge war nämlich so gestaltet, dass jederzeit eine Bestattung stattfinden konnte. Der Künstler war wiederum der Lehmpionier Martin Rauch (*1958), der bereits die bestehenden Lehmmauern errichtet hatte. »Gedenke Mensch, dass du Lehm bist und zum Lehm zurückkehren wirst«, wird uns am Aschermittwoch mit einem eindrücklichen Ritus in Erinnerung gerufen. Das Kriegsdenkmal wurde entfernt. Wir sind uns heute bewusst, dass nicht nur Soldaten im Krieg das Leben verlieren. Und nicht nur im Krieg werden Menschen getötet. So wird jetzt auf dem Friedhof aller Opfer der Gewalt gedacht mit der Botschaft: »Jedem Menschen seine Würde. Im Gedenken an die Opfer von Gewalt«. Auch die Grabstätte für Kinder wurde neu gestaltet – mit einem würdigen Ort für Sternenkinder. Alle an dem langen Vorbereitungsprozess Beteiligten waren überzeugt, dass der eindrückliche Friedhof durch die Veränderungen noch einmal aufgewertet und seine Botschaft verstärkt wird. Und sie bekamen Recht. Es wird deutlich: Hier zählen nicht Titel oder Vermögen, sondern Menschen, die von Gott beim Namen gerufen werden. In dieser Schlichtheit und mit einem großen Blumenbeet wird aller gedacht. Engel des

Schweizer Bildhauers Hugo Imfeld (1916–1993) ermutigen zum hoffnungsvollen Weitergehen.

Dieser Friedhof ist ein starkes Zeichen der Hoffnung. Tag für Tag kommen Menschen aus nah und fern, um diesen Ort zu besuchen. Er ist ein Ort des Ankommens und des Seins mit einer hoffnungsvollen Perspektive. Eine Frau meinte zugleich humorvoll und überzeugt: »In St. Gerold freut man sich sogar auf den Friedhof!« Hier wird uns auf schlichte Weise ein ganz neuer Zugang eröffnet zu der einzigen Dimension unseres Lebens, die todsicher ist. Also auch im Friedhof *leben lieben lernen* – so der Slogan der Propstei.

Ort der Kreativität

Da sind wir, inmitten von Baustellen. Und plötzlich realisieren wir, wie sehr sie unsere Kreativität herausfordern. Da, wo alles wie gewohnt läuft, brauchen wir unsere Kreativität nicht. Aber eine Baustelle hält uns auf Trab. Das wird nicht einfach von selbst wieder ein wohnlicher Bau. Provoziert ist eine lösungsorientierte Kreativität mit Weitsicht.

Wir durften zusammen mit vielen Menschen entdecken: Auch inmitten von Baustellen kann man ›leben lieben lernen‹. Unsere Seminare, die kulturellen Überraschungen und sogar die Ferientage wurden also nicht neben der Baustelle organisiert und gestaltet, sondern mit der Baustelle. Die Baustelle in der Propstei ist zum Gleichnis für die Baustellen in unserem Leben geworden. Das ist nicht selbstverständlich. Eine ihrer Selbsteinschätzung nach große Psychologin meinte: »Ich kann in der Propstei keine Seminare halten, solange dort eine Baustelle ist.« Wie kann sie Menschen helfen, mit den Baustellen in ihrem Leben zurechtzukommen, wenn sie nicht fähig ist, an einem Ort ein Seminar zu halten, wo eine Baustelle ist? Das hat sie überzeugt. Allerdings: Einen liebevollen Blick vermochte sie bis zum Schluss nicht auf die Baustelle zu werfen. Wie das wohl herauskommt?!

Unsere eigenen Baustellen wurden bewusst einbezogen in die Seminare und Veranstaltungen. Immer wieder standen auch in der Morgenpost am Frühstückstisch Gedanken zur Baustelle. So zum Beispiel: »Auf den Lärm, der von einer Baustelle kommt, können wir ganz verschieden reagieren. Zum Beispiel: sich ärgern, dass es nicht ruhig ist, wenn ich meine Ruhe haben will; oder Gott danken für die Menschen, die Tag für Tag so harte Arbeit leisten, damit wir eine gute Zukunft haben. Das gilt auch für die Baustellen in unserem eigenen Leben.« Oder: »Eine Baustelle ist dann erträglich, wenn es vorwärtsgeht.«

Ich freue mich, dass mir nie eine Beschwerde vonseiten der Gäste wegen der Baustelle zu Ohren gekommen ist (obwohl ich mir durchaus bewusst bin, dass gerade im Lärm einer Baustelle nicht alles zu Ohren kommt …). Im Gegenteil. Eine Frau schreibt über ihre Zeit in der Propstei mit Baustelle: »Drei Tage St. Gerold gibt einem mehr als vier Wochen Karibik.« Nicht wenige Gäste waren in der Baustellenzeit mehrmals bei uns, weil sie sich bei uns zu Hause fühlten. Tatsächlich ging vielen ein Licht auf. Bei uns lernen Menschen, mit Baustellen zu leben. Solche Lehrstellen haben wir dringend nötig: An Baustellen fehlt es ja wahrlich nicht!

Ein Blick auf die Vielfalt

Keine Baustelle gleicht der anderen. Überall treffen wir sie an: im eigenen Haus, auf der Straße, im Einkaufszentrum, auf der Brücke, am Bahnhof, auf der Autobahn, auf der Bahnstrecke. Umleitungen sind uns vertraut – und doch ärgern sie uns jedes Mal. Wie sehr wir uns für Baustellen im eigenen Verantwortungsbereich schämen, zeigt sich, wenn eine nationale Bahngesellschaft in der Durchsage mitteilen muss: »Wegen einer Baustelle im benachbarten Ausland hat der Zug eine Verspätung von 20 Minuten.« Alle wissen, welches dieses benachbarte Ausland ist. Offenbar hat man Mühe, für seine Baustellen namentlich einzustehen.

Das gilt erst recht für die Baustellen im weiteren Sinn. In der Wirtschaft haben wir Baustellen, in der Politik, in der Kirche, in der Gesellschaft, in Unternehmen, an unseren Arbeitsplätzen. Wenn wir fremde Baustellen von außen betrachten, können wir unser ablehnendes Empfinden leicht zum Ausdruck bringen. Wenn wir aber selber Verantwortung tragen, neigen wir gerne dazu, die Baustellen zu verdrängen, sie kleinzureden, ja sie sogar zu negieren: »Wir haben gar kein Problem.« – »Die bösen Medien malen den Teufel an die Wand.« Die Medien haben – Gott sei Dank! – schon manche versteckte Baustelle an die Öffentlichkeit gebracht. Jetzt muss daran weitergebaut werden.

Baustellen haben wir auch in unseren Familien und im eigenen Leben. Es läuft überhaupt nicht so, wie wir es geplant haben. Konflikte lassen uns nicht ungehindert den Lebensweg weitergehen. Beziehungen, die uns einmal lebenswichtig waren, zerbrechen. Verstrickungen halten uns gefangen. Ein Streit zerstört unsere Lebensfreude. Ungesunde Abhängigkeiten manövrieren uns in ein Doppelleben oder in immer größere Isolation. Manchmal wissen wir schlicht und einfach nicht mehr weiter. Früher oder später holt die meisten unter uns das Alter mit seinen Beschwerden ein. Viele müssen die vertraute Wohnung verlassen. Aber bereits Kinder und Jugendliche sind mit großen Baustellen vertraut. Im Bus meinte ein Teenager zu seinem Kollegen:»Ehrlich gesagt: Ich möchte meine Mutter nicht als Frau.« Viele Kinder nehmen ihre Ängste vor Schlägen mit auf den Lebensweg.

Es gibt keine zwei gleichen Baustellen. Darum lohnt sich ein aufmerksamer Blick. Kinder und ältere Leute, die die gesunde Neugier des Kindes bewahrt oder aufgrund lebenslanger Erfahrung eine Vorstellung von der Vielfalt entstehender Möglichkeiten gewonnen haben, halten sich gerne an Baustellen auf und staunen. Sie verfolgen, was da passiert. Sie entdecken, was andere beim Schimpfen und Sich-Ärgern übersehen. Es geht in die Höhe und/oder in die Tiefe. Sie bewundern die Maschinen im Einsatz und die Menschen, die die Baustellen bearbeiten. Ob wir uns nicht gelegentlich von einem Kind oder einem älteren Menschen eine Baustelle erklären lassen sollten? Probieren wir es doch einmal!

Faszinierendes entdecken

Es gibt vieles, was an Baustellen fasziniert. Allerdings bin ich mir bewusst, dass die meisten Menschen das Faszinierende und Positive nicht so leicht entdecken und sehen können. Das wird sich möglicherweise nach der Lektüre dieses Buches ändern, jedenfalls hoffe ich darauf …

Jede Baustelle verkündet klar und deutlich, dass es hier Menschen gibt, die vertrauensvoll in die Zukunft gehen. Trotz allem. Es sollen Lebensräume geschaffen werden, die aufatmen lassen. Eine gute Bauherrschaft ist motiviert durch die Vorfreude auf neue Räume und kommuniziert diese auch. Mit dem Fortschreiten auf der Baustelle steigert sich auch die Freude auf das Neue, das entsteht. Es kann ganz kribbelig werden.

Sobald sich eine Baustelle breit macht, ist nicht mehr alles, wie es immer war. Da sind wir gefordert. Vieles kommt selbst bei bester Planung anders als erwartet. In Baustellen an historischen Orten werden sogar neue Räume entdeckt. Das ist uns mehrmals passiert. Plötzlich stellt man mit Erschrecken fest, dass bestimmte Teile des Gebäudes schlicht und einfach aus Gewohnheit stehen geblieben sind und nicht aufgrund physikalischer Gesetzmäßigkeiten. Dann ist man dankbar, dass jetzt eine Baustelle ist und die großen Mängel behoben werden können. Für verschiedene Herausforderungen braucht es neue Lösungen. Ein Beispiel: Bei der Vorbereitung der neuen Türen kam plötzlich ein Türsturz aus dem Jahre 1595 zum Vorschein, der erhalten bleiben muss. 1995 wäre einfacher gewesen … Aber der Wunsch änderte die Wirklichkeit nicht, auch über Nacht nicht. Dieser Zimmereingang musste ganz neu gestaltet werden. Verschiedene Varianten wurden besprochen. Viele neue Fragen tauchten auf. Um ein altes Gebäude zu verstehen, muss man die Geschichte studieren. Und umgekehrt: Oft entdeckt man die Geschichte eines Gebäudes gerade aufgrund der Baustelle ganz neu.

Auf einer Baustelle kann aber auch die Zukunft gestaltet werden wie kaum sonst im Leben. Die durch die Baustelle erzwungenen Provisorien lassen erfahren, dass es auch anders geht – obwohl man das bisher als unmöglich betrachtet hatte. Bestes und noch gar nicht so lange zurückliegendes Beispiel: Die Zeit der Pandemie hat unsere Vorstellungen ganz gehörig durcheinandergebracht. Irgendwie findet man auch in einer solchen Situation Lösungen, die man sich sonst nie zugetraut hätte. Dazu kommt, und das sollten wir nie vergessen: Planung und Umsetzung scheitern auf vielen Baustellen an der Finanzierung. Wir dürfen also in allem den Bezug zur Wirklichkeit nicht verlieren – auch nicht im Blick auf das, was des Kaisers Bild trägt (vgl. Mk 12,16–17). Besonders beglückend ist dann die Erfahrung, dass es – trotz allem – vorwärtsgeht.

Zum Besseren unterwegs

Bei allem bisher Gesagten wird klar: Die große Frage ist nicht, ob wir Baustellen haben oder nicht. Sie gehören einfach zu unserem Leben. Die große Frage ist: Wir gehen wir mit ihnen um?

Dank der großen Baustelle in der Propstei ist mir immer mehr aufgegangen, dass Baustellen gar nicht so negativ sind, wie wir das spontan oft meinen. Selten hört man eine grundsätzlich bejahende Einschätzung wie: »Eine Baustelle ist grundsätzlich etwas sehr Positives, wo modernisiert, Altes in Neues umgebaut oder überhaupt neu gebaut wird.«[4] Tatsächlich: Baustellen sind die Räume, die uns Kreativität ermöglichen. Baustellen fordern uns heraus. Sie überraschen uns. Sie lassen uns staunen.

Sagen wir das noch deutlicher: All das Große, das wir bestaunen, ist aufgrund von Baustellen entstanden. Denken wir an die Strecken, die wir problemlos mit der Bahn zurücklegen. Dasselbe gilt für die Autobahnen. Wir fahren gedankenlos darüber und erinnern uns nicht mehr, wie wir einmal über die Baustellen geflucht haben. Der Kölner Dom ist seit Jahrhunderten eine Baustelle – ebenso die Kirche von Köln. Jeder Baustelle kann man mutige Verantwortliche wünschen. Sonst wird es schwierig. Das können alle verstehen. Fast alle. Manche Musikstücke, die wir gerne hören, sind in einem langen Prozess auf einer Baustelle entstanden. Dasselbe gilt für dieses Buch. Auch die meisten großen Gemälde und Skulpturen haben eine lange Entstehungszeit hinter sich. Das Haus, in

---

4   Eva Hammerer im Interview. In: Vorarlberger Nachrichten vom 14. Juli 2023, A5.

dem wir wohnen, verdanken wir einer großen Baustelle. Das gilt auch für unser Zimmer, in dem wir uns wohlfühlen. Ist das nicht erstaunlich?

Wenn wir all das betrachten, wird uns etwas bewusst, was wir in den konkreten Situationen allzu gerne ausblenden: Baustellen gibt es, damit etwas Besseres entstehen kann. Wir hatten eine offene Baustelle mitten in der Propstei, um etwas Positives zu bewirken: Das Haus wurde von den Behörden nicht geschlossen. Die Baustelle machte es möglich, dass dieser besondere Ort auch für künftige Generationen erhalten bleibt. »Alles bleibt besser«, so formuliert es der Verantwortliche für die Baustellen der Propstei. Viele bezeugen: Hier trifft es zu!

Das ist ständig unsere Herausforderung: zum Besseren unterwegs zu sein. Wer Baustellen nicht mag oder einfach ausblendet, muss sorgsam darauf achten, nicht sitzen zu bleiben. Baustellen ermöglichen uns auch in Zukunft Lebensräume.

Wie anders würde Politik aussehen, wenn sich die Verantwortlichen zuerst auf die unausweichlichen Herausforderungen einigen könnten und sich dann gemeinsam an die Arbeit auf der Baustelle machen würden. Jede Partei könnte ihren Beitrag zum Aufbau leisten mit den je eigenen berechtigten Schwerpunkten – miteinander für das Gemeinwohl statt gegeneinander als Parteien.

Ein wichtiger Zwischenruf

Das Lob der Baustellen könnte als Freipass für Baustellen gedeutet werden. Das will es auf keinen Fall sein. Tatsächlich gibt es viele unnötige Baustellen. Wir bauen an Orten, an denen man besser nicht bauen sollte. Wir investieren in Projekte, von denen wir uns im Hinblick auf die Herausforderungen unserer Zeit verabschieden sollten. Wir richten Baustellen an, indem wir mutwillig zerstören, was *da* ist und gut war. Das alles meine ich nicht, wenn hier von Baustellen die Rede ist. Wir müssen nicht Baustellen suchen. Neue Baustellen sollen wirklich nötig und vernünftig sein. Wir sind dazu aufgerufen, auf den Baustellen anzupacken, in die wir gestellt sind: in unserem eigenen Leben, in unseren Beziehungen, in unseren Familien, Ländern, Kulturen, globalen Wirklichkeiten.

Beispiel: Umwelt. Wissenschaftlerinnen und Wissenschaftler aus aller Welt haben uns seit vielen Jahrzehnten vor einem Klimawandel und dessen verheerenden Folgen gewarnt. Ihr Aufruf wurde weitgehend überhört oder sogar lächerlich gemacht. Junge Menschen haben es zuerst fertiggebracht, dieses Thema weltweit in die Politik zu bringen. Mit seiner Enzyklika *Laudato si'* aus dem Jahre 2015 – gerade rechtzeitig zur UN-Klimakonferenz in Paris erschienen – hat uns Papst Franziskus (*1936) ein prophetisches Schreiben in die Hand gegeben. Es trägt den Untertitel *Über die Sorge für das gemeinsame Haus*. Es ist ein Aufruf zum Umdenken und zum Handeln. Dieses Schreiben kann hervorragend als Arbeitshilfe dienen auf vielen großen Baustellen unserer Zeit. Ebenso das päpstliche Schreiben *Fratelli tutti. Über die Geschwisterlichkeit und die soziale Freundschaft* aus dem Jahre 2020.

Wie dringend ein Umdenken ist, zeigen Aussagen von Mächtigen und Reichen dieser Welt. Einer von ihnen, Julien Backhaus (*1986), antwortet auf die Frage der ZDF-Moderatorin, wie er der Verantwortung für die Umwelt nachkomme, mit den erschreckenden Worten: »Nach mir die Sintflut. Ich hab keine Kinder.«[5] Was man dem Mann zugutehalten muss: Er sagt, was ihn motiviert, keine Verantwortung zu übernehmen. Dieselbe Antwort könnte aber auch von Politikerinnen und Politikern kommen, die sich gegen jede Veränderung unseres Verhaltens aussprechen und damit bei vielen Wählerinnen und Wählern punkten. Vergessen wir nicht: Egoismus tut letztlich niemandem gut.

Beispiel: Zukunft. Viele Menschen machen sich Sorgen um die Zukunft der Welt. Sicherheiten, die für uns – vor allem für den Westen – selbstverständlich waren, kommen ins Wanken. Das ist ein gefundenes Fressen für falsche Propheten. Was ich vor einem Jahrzehnt dazu geschrieben habe, ist in der Zwischenzeit noch dringender geworden. »Wir müssen in unserem Teil der Welt viele Privilegien abgeben zum Wohl aller Menschen. Auch hier wäre eine Lösung per Knopfdruck katastrophal, aber eine solche wird früher oder später kommen, wenn ein Prozess von unserer Seite in Richtung Achtung und Gerechtigkeit für jeden Menschen nicht sofort auch außerhalb Europas und Nordamerikas spürbar wird. Es geht also nicht um kleinere oder größere Zugeständnisse von oben herab, sondern um Achtung und Wertschätzung jedes Menschen.«[6] Es ist erschreckend, wie Personen und Parteien an Boden gewinnen, die den Blick bewusst von den anderen abwenden und das Heil

---

5   https://www.srf.ch/kultur/gesellschaft-religion/privatjets-villen-jachten-
    nach-mir-die-sintflut-viele-reiche-kuemmert-das-klima-nicht.

6   Martin Werlen, *Heute im Blick. Provokationen für eine Kirche, die mit den
    Menschen geht*, Freiburg i. Br. 2015, 75.

im kleinen Kreis verheißen. Das ist gefährlich. Der deutsche Schriftsteller Rafael Seligmann (*1947) schreibt: »Sobald … Brandstifter und erodierende Gesellschaft zusammentreffen, gleichen sie einer binären Bombe: Die Elemente reagieren aufeinander und bilden einen Stoff enormer Zerstörungskraft.«[7] Das müsste uns aufgrund der Erfahrungen in der Geschichte zu denken und zu handeln geben.

Beispiel: Verbundenheit. In den globalen Herausforderungen der Zeit wie Migration und Klimawandel braucht es vor allem eine Globalisierung der Solidarität. Das lehrt uns jede große Baustelle. Niemand genügt sich selbst und niemand kann sich selbst genügen. Welche Perspektive haben Menschen in der Politik, die sich zum eigenen Wohl abschotten wollen? Die Arbeit kann nur miteinander gelingen.

Beim Weltjugendtag 2023 in Lissabon stellte Papst Franziskus vor Studierenden die verschiedenen Herausforderungen in einen größeren Zusammenhang, der oft übersehen wird: »Vergesst nicht, dass wir eine ganzheitliche Ökologie brauchen, dass das Leiden des Planeten mit dem der Armen zusammen gehört werden muss; dass das Drama der Wüstenbildung in Verbindung mit dem der Flüchtlinge gesehen werden muss, das Problem der Migration mit dem des Geburtenrückgangs; dass wir uns um die materielle Dimension des Lebens im Rahmen einer spirituellen Dimension kümmern. Keine Polarisierungen, sondern Gesamtvisionen.«[8] Nehmen wir uns das zu Herzen! Wählen wir nur noch solche Menschen in die politische Verantwortung, denen die Sorge um unser gemeinsames

---

7   Rafael Seligmann, *Brandstifter*. In: Manuel Herder (Hg.), *Was kommt. Was geht. Was bleibt. Kluge Texte über die wichtigsten Fragen unserer Zeit*, Freiburg i. Br. 2023, 86.

8   https://www.vatican.va/content/francesco/de/speeches/2023/august/documents/20230803-portogallo-universitari.html.

Haus am Herzen liegt! Wer jetzt schreit, dass sich die Kirche aus der Politik heraushalten solle, möge sich doch einmal ins Evangelium vertiefen.

Was mühsam ist

Nach all dem Großartigen, das bereits über Baustellen gesagt wurde, möchte ich es nicht unterlassen, auch das Mühsame zur Sprache zu bringen. Schließlich ist es das Mühsame, das unsere negative Haltung zu Baustellen prägt. Die meisten Baustellen, in denen wir tätig sind, haben wir uns nicht selbst eingebrockt. Plötzlich sind sie einfach da. Das sind erfahrungsgemäß nicht die willkommensten Gäste.

Baustellen präsentieren sich bereits auf den ersten Blick als gefährlich. Von Amts wegen hat ein Plakat abschreckend daran zu erinnern: »Betreten der Baustelle verboten. Für Kinder haften die Erziehungsberechtigten.« Oder es heißt: »Betreten der Baustelle auf eigene Gefahr. Jegliche Haftung wird abgelehnt.« Die Gitter und Abschrankungen provozieren keine spontane Sympathiekundgebung. Da braucht es mehr als Plakate, da braucht es sogar ein Buch ... Ob es reichen wird, Baustellen ganz anders wahrzunehmen? Allerdings: Das Betreten der Baustelle auf eigene Gefahr bleibt. Das gehört zum Leben. Es ist und bleibt tatsächlich lebensgefährlich.

Baustellen verursachen viel Schmutz. Putzarbeiten gehören nur bei wenigen Menschen zu ihren Hobbys. Wer durch die Baustelle gelaufen ist, hinterlässt in gepflegten Räumen Spuren und hört anschließend meistens recht unangenehme Bemerkungen. Aber selbstverständlich ist die Baustelle schuld. Auch der Lärm nervt ganz gehörig. Dieser beginnt bereits zu einer Zeit, in der die meisten Menschen noch nicht ganz im neuen Tag angekommen sind. Überall steht Material herum. Bei uns musste dafür der Garten herhalten. Wie haben mich Kommentare von Sonntagsspazierenden getroffen: »Schade, dass der Garten nicht mehr so schön ist wie früher!« Selbstverständlich stört etwas, das tatsächlich am falschen Ort liegt. Aber in Baustellen muss man Prozesse wagen und durchstehen, die nicht das Optimum bieten. Das wird in Kauf genommen, damit etwas Größeres oder Besseres entstehen kann. Diejenigen, die nur kurz vorbeischauen, bleiben bei der Beurteilung an der Oberfläche stehen. Wie leicht weiß man da immer alles besser – ohne auch nur die geringste Ahnung vom Ganzen zu haben. So ergeht es mir leider auch selber bei Themen, von denen ich kaum etwas verstehe.

Parallel zur großen Baustelle wurde auf dem Dach der Therapiehalle eine Fotovoltaik-Anlage errichtet. Mit zwei Jahren Verspätung begann sie ihre Arbeit. Baustellen lehren uns: In vielen Dingen sind wir auf andere angewiesen und können nicht einfach alles so haben, wie wir es uns wünschen. Lieferengpässe für verschiedene Produkte waren uns für Jahrzehnte nicht mehr vertraut. Wir lebten lange in der Illusion, dass mit Geld alles machbar sei.

Immer wieder wurde ich gefragt, ob es mit der Baustelle gut vorangehe. Ich antwortete darauf: »Viel zu schnell!« Da konnte ich mir der Lacher sicher sein. Wieso kann es auf einer Baustelle zu schnell vorangehen? Wer jemals verantwortlich für eine größere Baustelle war, weiß: Je schneller es vorwärtsgeht, umso schneller treffen auch die Rechnungen ein. Wenn mich etwas nicht schlafen ließ, so waren es nicht die Entscheidungen über die Bodenbeschaffenheit, die Farbe der Vorhänge oder die Sockelfarbe des Kachelofens – es waren die finanziellen Engpässe (die allerdings manchmal auch mit der Bodenbeschaffenheit zu tun hatten).

Wie viel Zeit Baustellen in Anspruch nehmen! Das läuft für die Bauherrschaft, also für diejenigen, die eine Baustelle verantworten, normalerweise neben allen anderen Herausforderungen ihres Alltags. Dieser Faktor überrascht meistens.

Die erforderlichen Zeitfenster werden erst zu spät in die Agenda hineingequetscht. Meistens kommen die Dinge auch völlig unerwartet. Wer ist so dumm und plant einen Rohrbruch ein?

Wer eine Baustelle wagt, muss für kurz oder lang mit Provisorien vorliebnehmen. Zu Beginn der großen Sanierung wurden das Wasser und der Strom abgeschaltet. Für die auf der Baustelle Arbeitenden wurde eine provisorische Stromleitung errichtet, damit sie überhaupt arbeiten konnten. Das Wasser wurde nach Bedarf mit Eimern hineingetragen. In einer Baustelle ist nicht einfach alles seit Jahrzehnten eingespielt, wie das in unseren Wohnungen der Fall ist. Alles muss für eine kurze Zeit neu geplant und kurzfristig eingerichtet werden. Wie alles im Leben können aber auch Provisorien lieblos oder liebevoll gestaltet werden. Je nachdem lebt es sich dann mit der Baustelle leichter oder schwieriger.

Aus verschiedenen Gründen kann es zu Verzögerungen kommen. Fachleute fehlen oder fallen krankheitshalber aus. Bestimmte Arbeiten können nur bei entsprechendem Wetter gemacht werden. Die Archäologin und ihre Kollegen finden etwas, mit dem sie sich dann einen Monat lang mit Kaffeelöffelchen und Zahnbürsten beschäftigen und das zur Folge hat, dass alles andere rundherum warten muss. Für wichtige Entscheidungen braucht es Expertisen, die nicht bereits in der nächsten Woche eintreffen. Vor der Weiterarbeit muss die Statik gesichert werden. All das ist eine Schule der Geduld.

Auf jeder Baustelle sind verschiedene Akteure mit unterschiedlichen Interessen engagiert. Das ist ein Reichtum, aber zugleich auch eine Armut. Wo verschiedene Interessen zusammenkommen, muss man immer wieder um Entscheidungen ringen und mit Kompromissen leben. Auseinandersetzungen gehören auch zu Baustellen. Sie beginnen meistens bereits bei der Planung. Harmoniebedürftige, die sich schon hier nicht einig sind, befürchten für die Fortsetzung nur noch Schlimmes. Dass sie Baustellen anders beurteilen als ich, kann ich verstehen. Auf unserer Baustelle war die Palette der Involvierten besonders groß: das Leitungsteam der Propstei, die Baukommission, die Klostergemeinschaft in Einsiedeln, die Planenden, das Denkmalamt, der Bauleiter, die Ausführenden (manchmal waren neun verschiedene Gewerke gleichzeitig an der Arbeit), die Archäologin und die Archäologen, das Land Vorarlberg, Stiftungen und Private, die finanzielle Unterstützung leisteten, die Buchhaltung, außerdem Zuschauende, Besserwissende, Leserbriefschreibende usw. Was will man da noch mehr!

Auf Baustellen gibt es auch Pannen. Es kann vorkommen, dass etwas wieder zurückgebaut werden muss, weil man feststellt, dass es so nicht funktioniert. Bei uns ist ein Kran bei der Sanierung des Areals für die Therapiepferde umgefallen, weil das Gegengewicht nicht korrekt berechnet war. Zumindest war das große Gerät so vornehm, sich weder auf Menschen noch auf Tiere oder Gebäude zu stürzen, sondern sich – wie es sich gehört – auf eine leere Wiese zu legen. Neben dem unvermeidlichen Schrecken belastete der Totalschaden des Krans nur die Versicherung der Bauunternehmung.

Baustellen können zum Verzweifeln sein. Am schlimmsten sind ewige Baustellen, auf denen es einfach nicht mehr weitergeht. Stillbaustellen kosten am meisten Energie. Denken wir nur an eine Doktorarbeit, die zu keinem Ende findet. Auch wenn nicht daran gearbeitet wird, beschäftigt sie zumindest im Denken und in den Selbstvorwürfen. Oder wie viel Energie kostet uns eine Anfrage, die schon seit Wochen hätte beantwortet werden sollen! Vergessen wir die Schmerzen nicht, die ein immer wieder hinausgeschobener Zahnarzttermin zur Folge haben kann. Mühe macht uns auch, wenn es nicht so vorwärtsgeht, wie wir uns es wünschen. In solchen Fällen wird viel lamentiert, geschimpft, gelästert, gemurrt. Weil das zum Schädlichsten gehört für das Leben in Gemeinschaft, werden wir uns mit dieser Besonderheit später noch – möglichst ohne Murren – auseinandersetzen.

Die Gerüste

Baustellen fallen uns meistens durch die Gerüste auf. Sie stehen im Vordergrund – aber sie sind nicht das Zentrum. Sie sind Hilfsinstrumente, damit etwas Besseres entstehen kann. Selbstverständlich stehen sie manchmal ganz gehörig im Weg. Aber das Ziel ist, dass sie so schnell wie möglich wieder verschwinden können.

Die Gerüste müssen – sollen sie wirklich dienen – immer wieder der neuen Situation angepasst werden. Ansonsten erscheinen sie mit der Zeit als etwas, worum sich niemand kümmert und das dem einzigen Zweck dient, im Wege zu stehen. Es nützt niemandem. (Einen guten Zweck habe ich jetzt aber übersehen. Für die Firma, die die Gerüste vermietet, sind sie eine garantierte Einnahmequelle.)

Auf Gerüste, sinnvolle wie nutzlos gewordene, treffen wir im Leben immer wieder. Nehmen wir ein Beispiel aus der Welt der Theologie: die Dogmen. Dogmen in der Kirche sind wie Gerüste auf einer Baustelle. Sie stehen oft im Vordergrund. Viele Menschen verwechseln das Wissen über Dogmen mit dem Glauben. Aber Dogmen sind nicht das Zentrum des Glaubens. Sie sind sinnvoll, vergleichbar mit einem Gerüst für die Arbeit auf dem Dach. Ein Absturz soll verhindert werden. Das Zentrum, das Eigentliche des Glaubens, ist eine lebendige Beziehung mit dem Gott, der ein Geheimnis ist und bleibt. Ein Atheist kann den ganzen Katechismus auswendig kennen – das muss mit Glauben nichts zu tun haben. Er weiß etwas über den christlichen Glauben, aber dem Inhalt, dem lebendigen Kern ist er damit noch lange nicht begegnet. Andrerseits gibt es viele Menschen, die über die Dogmen des christlichen Glaubens nichts sagen können, aber zutiefst gläubig sind.

Das Ulmer Münster ist seit dem Anfang und bis heute eine Baustelle. Es ist nie vollendet worden. Das Gerüst ist immer da und wandert im Kreis herum. Es ist kein Selbstzweck, sondern soll dazu dienen, das Gotteshaus so zu erhalten, dass es das Geheimnis Gottes verkündet. Das Ulmer Münster ist ein sehr beeindruckendes Bild für unser Leben. Irgendwo wird immer ein Gerüst stehen. So sind wir gerüstet für die Zukunft. Und wenn ein Gerüst wegkommt, dürfen wir dankbar enträstet sein.

Das Murren

Die Benediktsregel ist im 6. Jahrhundert geschrieben worden als ein Leitbild für Mönche. Woran liegt es, dass dieses Werk 1500 Jahre später immer noch allen benediktinischen Gemeinschaften auf der ganzen Welt als Leitbild dient? Ein Grund dafür: Benedikt wusste, dass ein Leitbild nicht für das gute Gewissen einer Firmenleitung oder für das Prestige in der Öffentlichkeit geschrieben wird. Es ist auch nicht für eine Designer-Schublade bestimmt. Nein, Benedikt selbst schreibt: »Diese Regel soll nach unserem Willen in der Gemeinschaft oft vorgelesen werden, damit sich keiner der Brüder mit Unkenntnis entschuldigen kann« (RB 66,8). Und so halten wir es in den Klöstern benediktinischer Prägung noch heute. Jeden Tag wird bei einer Mahlzeit ein Abschnitt aus der Benediktsregel vorgelesen. Das prägt die typische Kultur des Miteinander – und tatsächlich kann keiner sagen: »Das habe ich nicht gewusst!« Eine recht lebensnahe Weisheit.

Überraschend ist die Tätigkeit, die der heilige Benedikt in seinem Leitbild am meisten erwähnt. Es ist nicht etwa das Beten oder das Schweigen. Am meisten erwähnt wird das Murren. Das ist peinlich. Wenn ich moderne Leitbilder anschaue, könnte ich geradezu neidisch werden. In den modernen Unternehmen sind alle Leute immer freundlich, fleißig, zufrieden, kompetent. Bei uns gibt es solche Mitbrüder selbstverständlich auch, aber bei uns wird außerdem gemurrt. Und zwar ganz gehörig. Sonst hätte der heilige Benedikt nicht ständig davor warnen müssen. Unter Murren versteht Benedikt nicht einfach Kritik. Unter Murren versteht er die destruktive Kritik, das ständige Herumnörgeln, das Schimpfen hintenherum. Das Murren verrät mangelnde Überzeugung. Es kann in jedem Raum des Klosters auftreten: im Speisesaal genauso wie im Büro des Abtes, in der Klosterkirche genauso wie in der Schreinerei, beim Lehrer genauso wie beim Buchhalter. Es ist eine Form von Sucht, die mit nichts und niemandem zufrieden ist. Wir könnten auch von Kritiksucht sprechen, aber die Kritik wird überall angebracht, nur nicht dort, wo sie hingehört. Damit verrät der Murrer auch, dass er eigentlich gar keine Veränderung will. Sonst hätte er ja nichts mehr zu murren.

Wer murrt, schaut zuerst herum und achtet darauf, dass die Person, die es angeht, sicher nicht zuhört. Man ist also nicht an einer Besserung interessiert, sondern freut sich letztlich an der schlechten Stimmung. Also nicht: Alles bleibt besser, sondern: Alles bleibt schlimmer. Das Murren bleibt in der Luft hängen. Wer murrt, verpestet die Luft, die er selbst einatmet und die die anderen einatmen. Benedikt sieht im Murren das große Übel, das die Begeisterung und die Freude am Leben an den Wurzeln annagt. Das Murren schafft eine schlechte Atmosphäre. Es ist das Sand im Getriebe, das Aufbrüche zu neuen Ufern schwierig macht oder sogar verunmöglicht. Daran sind schon manche Gemeinschaften und Unternehmungen gescheitert. Thematisiert wird das Murren kaum – außer in der Benediktsregel.

Das Murren entzündet sich meistens an kleinen Dingen. Darum besteht die Gefahr, es nicht ernst zu nehmen. Im Zusammenhang mit Baustellen wird viel gemurrt. Es zeigt sich auch in der Gereiztheit beim Warten wegen Baustellen. Darum ist es wichtig, dass wir Baustellen näher unter die Lupe nehmen und dazu beitragen, dass niemand – wie es Benedikt sagt – einen berechtigten Grund zum Murren hat (vgl. RB 41,5).

Es gibt leider auch Berufsmurrer. Selbst dieses Buch kann ihnen Grund zur Freude an ihrem Beruf sein. Gönnen wir ihnen diese kleine Freude, aber lassen wir uns von ihnen die Freude an Baustellen nicht vermiesen!

Nur was sich verändert, bleibt

Die Propstei musste in der großen Bauphase unter neuen Rahmenbedingungen funktionieren. Wir hatten eine offene Baustelle mit immer neuen Überraschungen mitten im Areal der Propstei. Wie schnell kann man in solchen Situationen versucht sein, die Gäste dafür um Entschuldigung zu bitten. Aber wir brauchen es nie zu bedauern und zu sagen, dass wir »leider« eine Baustelle haben. Im Gegenteil. Stolz haben wir unsere Baustelle gezeigt und sind sogar noch weiter gegangen: Weil wir alle in unserem persönlichen Leben Baustellen haben, wollten wir von dieser Baustelle vor Ort lernen, auch im eigenen Leben besser damit umzugehen, ermutigt für die Zukunft.

Ein Teil des Gebäudes, der für die meisten bisherigen Besucherinnen und Besucher einfach dazugehörte, wurde abgerissen. Tatsächlich: Hier bleibt nicht alles, wie es immer schon war. Das ist gut so. Denn bleiben kann nur, was sich verändert. Zu dieser Lebensweisheit wurden unsere Gäste in der Morgenpost begleitet: »Ein Mann, der Herrn K. lange nicht gesehen hatte, begrüßte ihn mit den Worten: ›Sie haben sich gar nicht verändert.‹ ›Oh!‹ sagte Herr K. und erbleichte. Diese Geschichte von Bertold Brecht macht uns auf etwas aufmerksam, das uns immer neu aufhorchen lassen muss. Was lebendig ist, verändert sich. Das gilt für uns selbst, für die andern, für unsere Beziehungen, für Institutionen, für Firmen. Das gilt auch für die Propstei St. Gerold. Wir dürfen beitragen, dass hier nicht alles beim Alten bleibt!«

Der Gebäudeteil, der am Hauptgebäude der Propstei abgerissen wurde, war nicht schon immer da, auch nicht seit Jahrhunderten. Er wurde erst 1972 dort gebaut, wo bis dahin eine Lücke im Gebäudekomplex gewesen war. Damit konnte damals

Raum geschaffen werden für die Pforte und für neue Zimmer. Was typisch war für die 70er-Jahre: er wurde außen so gestaltet, dass man den Eindruck hatte, dass dies alte Bausubstanz sei. Welche Zeit vor uns hätte so etwas getan? Stellen wir uns vor, in der Barockzeit wäre eine durch Feuer zerstörte Kirche wieder im gotischen Stil aufgebaut worden, so als ob sie nie abgebrannt wäre. Unvorstellbar! Gerade das passiert ohne großen Protest auch heute. Ein Beispiel dafür ist die Kirche Notre-Dame in Paris. Sie wird wieder so aufgebaut, als ob es das Feuer 2019 nie gegeben hätte. Sie wird originalgetreu rekonstruiert. Bei der Kaiser-Wilhelm-Gedächtniskirche in Berlin hatte man den Mut, die Kriegsruine stehen zu lassen und einen modernen Bau ins Gesamt zu integrieren. Hätte man sie originalgetreu rekonstruiert, wäre sie heute wohl unbekannt. So ist sie aber zu einem der bekanntesten Wahrzeichen der Stadt geworden.

In der Propstei St. Gerold präsentiert sich der Neubau nicht so, dass die Leute meinen, er sei barocke Bausubstanz. Das ist nun vorbei. Der neue Bau konnte mit der Unterkellerung für den Technikraum, dem Treppenhaus, der neuen Pforte und neuen Zimmern so erstellt werden, dass man am historischen Propsteigebäude in Zukunft auch das 21. Jahrhundert erkennt.

Es gibt Menschen, die sich daran stören, dass in der Propstei nicht alles so bleibt, wie es immer war. Darunter hatten bereits meine Vorgänger als Verantwortliche in der Propstei zu leiden. Wer denkt, dass alles beim Alten bleiben soll, bewegt sich nicht mehr in der Dynamik, die die Propstei zu einem so speziellen Ort hat werden lassen. Die Baustelle ist da, damit die Dynamik weitergeht. Die Alternative zu dieser Baustelle wäre die Stilllegung des Hauptgebäudes gewesen. Ich bin überzeugt: Die Propstei St. Gerold kann dank der Baustelle auch in Gegenwart und Zukunft für viele Menschen aus nah und fern ein Ort zum Aufatmen sein.

Bei uns ist alles gut! Wirklich?

Gilt das bisher Gesagte auch für die Kirche im Ganzen? Ist sie eine riesige Baustelle? Selbstverständlich! Allerdings: In der Kirche ist dieses Bild noch lange nicht angekommen. Da herrschen andere Bilder vor. Ich vermute, dass es in vielen anderen Baustellen rundherum gar nicht so unähnlich läuft wie in der Kirche ... Man kann sich die aktuelle Situation und das Unvollkommene gar nicht zugestehen.

Seit dem Zweiten Vatikanischen Konzil (1962–1965) ist ein vorherrschendes Bild der Kirche das Volk Gottes auf dem Pilgerweg durch die Zeit. Neu ins Bewusstsein gekommen ist auch das Bild von der Kirche als Leib Christi. Dieses Bild von dem einen Leib bedeutet: Jedes einzelne Glied an diesem Leib, jede und jeder, soll geschätzt werden und den je eigenen Beitrag zum Ganzen in die Kirche einbringen. Es sind Bilder des Miteinander und des Dynamischen. Ein anderes Bild ist aber überraschenderweise immer noch vorherrschend. Es ist das pure Gegenteil von Baustelle. Es ist ein Bild, das eigentlich nie für die Kirche hätte gebraucht werden dürfen. Jetzt ist es offensichtlich, dass es völlig fehl am Platz ist. Und doch begegnet es mir ständig. Fast bei jedem Festgottesdienst, zu dem ich eingeladen bin, steht ein Lied auf dem Programm, das dieses Bild neu verkündet und verankert. Wie ist das möglich? Es wird offensichtlich von den Gläubigen geliebt und von den Seelsorgenden nicht hinterfragt. Bei uns ist alles gut!, so könnte das mit dem Bild Gemeinte umschrieben werden. In dem Lied heißt das: »Ein Haus voll Glorie schauet, weit über alle Land, aus ew'gem Stein erbauet von Gottes Meisterhand.« Es ist klar: Da geht es nicht nur und nicht zuerst um den Kirchenbau, sondern um die Wirklichkeit der Kirche. Im Originaltext ist es kämpferisch: »Wohl tobet um die Mauern der Sturm in wilder Wuth; das Haus wird's überdauern, auf festem Grund es ruht.« Dieses Lied gehört in unserem Sprachbereich zu den meistgesungenen Kirchenliedern überhaupt. Es ist für Generationen regelrecht ein Schlager geworden. Der Originaltext und die Melodie sind ein Werk Joseph Mohrs aus dem Jahr 1875. Mohr gehörte dem Jesuitenorden an, der in der Zeit des Kulturkampfs unter Bismarck in Deutschland verboten war. Deshalb lebte er im Exil in Belgien, als er dieses Lied schrieb. Getröstet hat ihn möglicherweise der sentimentale Gedanke an seine Heimat: Siegburg bei Köln. Dort thront tatsächlich auf dem Michaelsberg die große Benediktinerabtei – seit 2012 nur noch die bauliche Hülle –, die wie ein »Haus voll Glorie« über die weite Landschaft blickt. In der Folge des Kulturkampfs und der zugespitzten Definition des Papstamtes wurde dieses Lied, das man aus seiner Entstehungsgeschichte heraus auch in seiner psychologischen Bedeutung nachvollziehen kann, allerdings ein Bekenntnislied nach innen und nach außen. Es gibt an der Kirche nichts mehr zu bemängeln: Sie ist ein Haus voll Glorie! Alles ist perfekt. Ein immer neu zementiertes Bild: Bei uns ist alles gut!

Dieses Kirchenbild kann konservativen und progressiven Haltungen zugrunde liegen – die Räume sind in der jeweiligen Vorstellung einfach verschieden ausgestattet. Gemeinsam ist ihnen: Genau so müsste die Kirche sein, aber gewiss nicht eine Baustelle. Mit dieser Haltung wird – wie der evangelische Theologe Dietrich Bonhoeffer (1906–1945) es ausdrückt – nicht die Kirche geliebt, sondern das Bild, das man von der Kirche hat. Man liebt die Kirche, wie sie sein sollte, aber nicht, was sie ist: eine riesige Baustelle. Stattdessen verteidigt man eine Wirklichkeit, die es nie gegeben hat, oder träumt von einer Wirklichkeit, die es nie geben wird. Wenn diese Haltung bestimmend wird, muss man dem deutschen Religionssoziologen Detlef Pollack recht geben: »Inzwischen ist die katholische Kirche in der Situation, dass sie machen kann, was sie will – sie hat keine Chance.«[9] Aber nirgendwo auf unserer Lebensreise ist alles gut. Darum hat selbst die Kirche eine Chance. Ob sie das im ständigen Kreisen um sich selbst überhaupt merkt?

---

9 https://www.kath.ch/newsd/soziologe-detlef-pollack-katholische-kirche-wuer-de-reformen-nicht-ueberleben/.

Das Bild, das wir nach außen geben

Ein Haus voll Glorie – das ist die Selbstdarstellung nach außen, übrigens nicht nur der Kirche, sondern der meisten Betriebe und Institutionen. Das zeigt sich vor allem in der Kommunikation. Flyer und Homepages zeugen davon. Nicht nur in der Kirche werden kritische Stimmen zum Schweigen gebracht. Nehmen wir uns einmal die Zeit, einen aufmerksamen Blick auf unsere Prospekte und auf die digitalen Auftritte zu werfen! Da ist alles bestens. Um neue Fotos zu machen, warten wir, bis keine Baustelle mehr zu sehen ist. Das haben wir auch in der Propstei St. Gerold so gemacht. Aber wenigstens dokumentieren wir die Baustelle ausführlich für alle, die in der Gegenwart und in Zukunft hier zu Besuch sind. Wie wichtig wäre es, wenn auch all diejenigen, die für die Kommunikation unserer Betriebe und Institutionen verantwortlich sind, das Leben als Baustelle entdecken und kommunizieren würden. Wenn wir das nicht tun, haben wir ein größeres Kommunikationsproblem. Es fehlt dann ein wichtiger Teil der Wirklichkeit.

Die ehrliche Kommunikation nach außen ist aber in dem Maße möglich, in dem auch nach innen ehrlich kommuniziert wird. In wie vielen Betrieben erfährt die verantwortliche Person nicht, was sie oder er wissen müsste – weil sich das negativ auf die eigene Karriere auswirken könnte! Niemand kann behaupten, dass dies wirklich guttut. So bleiben viele Chancen ungenutzt, miteinander auf dem Weg in die Zukunft zu sein.

Das glorreiche Bild unserer eigenen Person pflegen wir auch im Kontakt mit anderen Menschen. Selbstverständliche Redewendungen verraten, wie schwer es uns fällt, Baustellen zu akzeptieren. Wenn wir einander begegnen, fragen wir fast immer: »Wie geht es dir?« Meistens ist das eine rhetorische Frage. Eigentlich erwarten wir selbstverständlich das vertraute »gut«. Und wenn ein »nicht gut« kommt, erschrecken wir fast. Die ehrliche Person gerät in Erklärungsnot. Darum sagt auch sie eher das Erwartete statt das Tatsächliche. Eine Politikjournalistin der *Süddeutschen Zeitung*, Evelyn Roll, erzählt von einem Interview mit dem als schwierig bekannten damaligen Kanzler Helmut Schmidt. Sie eröffnete das Gespräch mit der – leider – banalen Frage: »Wie geht es Ihnen?« Der Kanzler antwortete: »Sehr gut.« Darauf konterte Evelyn Roll mit der »Eisbrecherfrage«: »Und wie geht es Ihnen wirklich?« Er: »Beschissen!« Es wurde ein sehr gutes Gespräch. Der Journalistin ist es gelungen, das Gespräch in die Wirklichkeit zu bringen. Vielleicht provoziert sie damit auch unsere Ehrlichkeit im Fragen und im Antworten. Wie wichtig das wäre! Denn in der Pflege der Fassaden sind wir Meister, und in diesem Handwerk unterstützen wir einander, so gut es nur geht.

Hauptsache, man ist gesund! Wirklich?

Die Kritik am »Fassadendenken« und am fraglosen Betonen des Positiven betrifft keineswegs nur die Kirche. Wir müssen nur in unseren eigenen Alltag schauen. Es gibt Sätze, die wir so leichtsinnig aussprechen, und wenn wir sie ein wenig näher betrachten, erschrecken wir. Dazu gehört der Satz: »Hauptsache, man ist gesund!« Was sagen wir damit über die Mehrheit der Bevölkerung, die eine Prothese trägt (z. B. eine Brille)? Was sagen wir damit über ein Kind im Mutterleib, das aller Wahrscheinlichkeit mit einer Krankheit geboren wird? Fehlt diesen Menschen tatsächlich die Hauptsache? Und: Fehlt den meisten Menschen, je näher sie dem Tod kommen, immer mehr die Hauptsache? Ich habe viele kranke Menschen gekannt und kenne auch jetzt viele kranke Menschen, die mich die Hauptsache überzeugend gelehrt haben und lehren.

Die Gesundheit ist in den vergangenen Jahrzehnten schleichend und unwidersprochen zur Religion geworden. Und damit ist die Lebenserwartung massiv gesunken. Hatte früher ein Mensch eine Lebenserwartung von ›50 Jahren + die Ewigkeit‹, so gehen heute viele davon aus, dass mit ›80 + nichts‹ alles vorbei ist. Wenn wir als Gesellschaft unkritisch und unreflektiert dieser neuen Religion huldigen, hat das massive Konsequenzen. Zuerst einmal üben wir damit auf alle Menschen einen großen Druck aus – schließlich ist die Gesundheit bei jedem Menschen ein äußerst zerbrechliches Gut. Zweitens messen wir den Wert des menschlichen Lebens an seinem Gesundheitszustand. Dass dann behinderte, kranke und betagte Menschen immer mehr an den Rand der Gesellschaft

gedrängt werden, ist eine logische Folge. Drittens sind Übermedikation und Überbehandlung eine geldverschlingende
Selbstverständlichkeit, wenn die Gesundheit die Hauptsache
ist.

Ich bin dankbar für meinen Glauben, in dem die Gesundheit nicht die Hauptsache ist. Im christlichen Glauben steht
nicht die Gesundheit des Menschen im Mittelpunkt, sondern
der Mensch als solcher mit der ihm geschenkten Würde, von
Gott erschaffen – auf Gott hin erschaffen. Im Verhältnis zu
dieser Hauptsache findet die Sorge um die Gesundheit den
Platz, der ihr zusteht. Krankheit und Tod gehören nun einmal zu jedem Leben. In einem ganzheitlichen Lebenskonzept
wird es dem todkranken Patienten auch leichter fallen, auf
eine Übermedikation oder weitere lebensverlängernde Maßnahmen zu verzichten. Wichtig ist der Ausbau der Palliativ-
medizin. Eine gesamtheitliche Betreuung – dazu gehört auch
die religiöse Betreuung – und Maßnahmen zur Linderung der
Schmerzen und Symptome stellen nicht die Gesundheit in den
Mittelpunkt, sondern den konkreten Menschen. Solange die
Gesundheit unwidersprochen die Hauptsache bleibt, werden
wir das Gesundheitswesen kaum nachhaltig sanieren können.

Hauptsache, uns geht es gut

Wie gehen wir mit der unsicheren Situation um, in der wir heute leben? Instinktiv greifen wir zur nächstbesten raschen Lösung. Wir denken vor allem an uns. Das ist verständlich. Hauptsache, *uns* geht es gut. Mit dieser Haltung können Politiker in schwierigen Situationen leicht punkten. Die Konsequenz ist bald gezogen: Der Staat hat dafür zu sorgen, dass es uns gut geht. Im Wahlkrimi wird das versprochen. Alle möglichen Maßnahmen werden in Betracht gezogen und eventuell sogar umgesetzt, um die Bevölkerung zu schützen. Die Wirklichkeit anderer Menschen wird weitgehend ausgeblendet. Protektionismus ist die Bezeichnung für diese Tendenz. Hauptsache, uns geht es gut. Eines geht dabei leicht vergessen: Egoismus ist nie nachhaltig – auch nationaler Egoismus nicht. Wenn wir nur dafür sorgen, dass es uns gut geht, geht es uns zudem gewiss nicht lange gut. Der Gedanke des Gemeinwohls setzt auf die grundsätzliche Verbundenheit aller Menschen und grenzt per definitionem nicht andere aus. Das sollten wir bedenken, wenn wir versucht sind, Parteien zu wählen, die nur ein Anliegen haben: Hauptsache, uns geht es gut.

Es gibt neben diesem nationalen Protektionismus auch einen globalen Protektionismus. Im Vordergrund steht dann nicht das eigene Wohlergehen auf Kosten anderer Menschen. Im Vordergrund steht das ganzheitliche Wohlergehen aller Menschen. Dieses Wohlergehen wird gefördert, wenn ein Staat Qualitätshürden für Importprodukte aufstellt: keine Produkte, die mit Kinderarbeit hergestellt wurden; ökologisch verantwortbare Produktionsmethoden und Transportwege; keine Ausbeutung; menschenwürdige Arbeitsbedingungen; nicht schädlich für die Gesundheit usw. Welcher Staat auch immer hier den Mut hat, klare Anforderungen zu stellen, sorgt damit nicht nur für das Wohlergehen der eigenen Bürgerinnen und Bürger. Er trägt dazu bei, dass weltweit die Würde aller Menschen immer mehr respektiert und geschützt wird und der Lebensraum auch für zukünftige Generationen erhalten bleibt.

Kurzfristig wird der Weg vom nationalen Protektionismus zum globalen Protektionismus von uns verlangen, zugunsten anderer Erdenbewohnerinnen und -bewohner auf Dinge zu verzichten, die uns selbstverständlich geworden sind. Das mag für den Moment schmerzlich sein. Aber langfristig tragen wir damit zu mehr Gerechtigkeit und Frieden auf der ganzen Welt bei und damit auch zu mehr Sicherheit und Geborgenheit. Die Kirche hat die Aufgabe, dazu zu ermutigen, den Egoismus in all seinen Formen immer mehr loszulassen und zu einer Weite des Geistes und des Herzens zu finden, die allen Menschen zugutekommt.

Hauptsache, *uns* geht es gut. Die große Frage ist: Wer ist »uns«? Bin das ich? Ist das meine Familie oder mein Freundeskreis? Sind das alle Bewohnerinnen und Bewohner unseres Landes? Oder nur diejenigen, die hier geboren sind? Oder sind das alle Menschen, die unsere Erde bewohnen? Und beziehen wir die ganze Schöpfung ein? Im letzten Fall können wir tatsächlich sagen: Hauptsache, uns geht es gut!

Nicht nur Horror

»Mit der Baustelle ›leben lieben lernen‹ hab' ich absolut kein Bedürfnis!«, schrieb eine Person, die sich für ein Seminar anmelden wollte. Wir antworteten ihr: Nur mit Baustellen können wir ›leben lieben lernen‹. Denn wir alle leben in Baustellen. Im Vergleich dazu ist die Baustelle hier vor Ort nicht einmal sehr lärmintensiv. Die Murrende kam und wurde bald zu einem Fan unserer Baustelle und hat seither auch andere Menschen hierher geführt.

Wie bereits gesagt, gibt es wenige Buchtitel, in denen das Wort »Baustelle« vorkommt. Wir haben offensichtlich einen Horror vor Baustellen. Zwei Ausnahmen auf dem Büchermarkt sind mir aufgefallen. Die Schriftstellerin Luise Rinser (1911–2002) veröffentlichte 1970 ein Buch mit dem Titel *Baustelle. Eine Art Tagebuch 1967–1970*. Zur Begründung schreibt sie: »Der Titel ›Baustelle‹ ist ein Bekenntnis oder auch ein Programm. Auf einer Baustelle liegt Material herum. Um daraus ein Haus zu bauen, bedarf es eines Planes. Aber eben einen Plan habe ich nicht. Ich brauche keinen, denn ich will gar kein Haus bauen. Ich habe zu viele Erdbeben miterlebt, um weiterhin Sicherheit in einem festen Haus zu suchen. Ich schlafe unter freiem Himmel besser. Da ich aber nicht immer mutig bin, baue ich mir bisweilen einen provisorischen Unterschlupf. Es stört mich nicht allzu sehr, dass er nicht ewigkeitsfest ist, aber ich verlasse ihn jeweils ungern, denn es ist unbequem, Nomade zu sein. Es ist beschwerlich, von Widerspruch zu Widerspruch gejagt zu werden und keine der alten, der ›absoluten‹ Ordnungen wiederzufinden. Aber ich möchte dennoch weiter auf den Baustellen wohnen.«[10] Luise Rinser nimmt also eben-

---

10   Luise Rinser, *Baustelle. Eine Art Tagebuch 1967–1970*, Frankfurt a. M. 1970, 44.

falls die Metapher der Baustelle für ihr Leben. Sie beschreibt ihr Hin- und Hergerissensein, aber auch ihren Wunsch, nicht festgefahren zu sein.

Das zweite Buch trägt zwar nicht das Wort »Baustelle« im Titel, aber das Wort »Handwerker«. Es stammt aus dem Jahre 2023. Der Titel des Buches von Ernst Fürlinger lautet: *Handwerker der Hoffnung. Papst Franziskus und der interreligiöse Dialog*.[11] Der Papst wird hier als Handwerker vorgestellt, der auf der Baustelle am Zusammenleben der Religionen arbeitet. Mit diesem Bild, das die Arbeit von Papst Franziskus treffend bezeichnet, wird eines deutlich: In Rom verabschiedet man sich an oberster Stelle von den arroganten Machtspielen. Leider ist das noch nicht selbstverständlich. Da bleibt nur zu hoffen, dass eine solche Einstellung auch bei anderen Aufgabengebieten Einzug hält, so zum Beispiel im Unterwegssein mit den verschiedenen christlichen Konfessionen. Dort scheint es, dass wir verschiedene Häuser zu schützen und zu verteidigen suchen, obwohl wir eigentlich alle mutig am selben Haus bauen sollten. Wie anders würde das Herzensanliegen Jesu in einer Baustelle gemeinsam mit allen anderen Konfessionen angegangen: »Dass alle eins seien, wie du, Vater, in Eins mit mir und ich in Eins mit dir, dass auch sie seien in Eins mit uns, damit die Welt glaube, dass du mich gesandt hast« (Joh 17,21)?

Auch in meinen eigenen Publikationen kommen Baustellen bisher nur spärlich vor. Einmal war es die Ausbeutung von Menschen, die auf einer Baustelle arbeiteten und abgesondert in einem Barackendorf untergebracht waren.[12] Am ehesten bin ich an Baustellen herangekommen in den Bahngleichnissen:

---

11 Ernst Fürlinger, *Handwerker der Hoffnung. Papst Franziskus und der interreligiöse Dialog*, Innsbruck 2023.

12 Martin Werlen, *Zu spät. Eine Provokation für die Kirche. Hoffnung für alle*, Freiburg i. Br. 2018, 11.

»Man kann auch durch Baustellen seinen Weg finden.«[13] Hier hat die Erfahrung der Baustelle auf dem Bahnhof Biberbrugg den Weg zu den Erfahrungen von Baustellen im übertragenen Sinne in unserem Leben gefunden. Dieser Bezug wird ausdrücklich genannt in: »Bahnhof Biberbrugg wie im richtigen Leben: Baustelle, Chaos, Verspätung – und doch funktioniert's irgendwie«.[14] Das kann man mit wenigen Zeichen sagen. Die ewige Baustelle auf dem Bahnhof Stuttgart ergäbe ein Werk in mehreren Bänden. Indirekte Baustellenerfahrungen bei der Bahn werden in zwei weiteren Bahngleichnissen direkt zum Leben in Beziehung gebracht: »Chaos bei der Bahn kann auch als Gelegenheit dienen, das eigene Chaos zu ordnen«[15] und: »Gelegentliche Stellwerkstörungen bei der Bahn nerven so sehr, weil wir Stellwerkstörungen im Leben zur Genüge kennen.«[16]

Es fällt uns nicht leicht, zu Stellwerkstörungen zu stehen, sie nicht auch als »Gelegenheiten«, vielleicht sogar als Chancen positiver zu sehen. Das ist nicht allen einsichtig. Ob vielleicht deswegen viele allergisch auf das Wort »Sünde« reagieren? Das Bild der Baustelle kann uns auch hier einen weiteren Horizont schenken. Sünde ist, wenn wir uns den Baustellen nicht stellen, die Gott uns zumutet. Sünde ist, wenn wir die Baustellen nicht wahrnehmen wollen. Sünde ist das egoistische Bauen: Hauptsache, »uns« (im engen Kreis) geht es gut. Sünde ist, wenn wir dem Bauen für Gegenwart und Zukunft im Wege stehen. Sünde ist, wenn wir nicht aufbauend unterwegs sind. Wenn ich einen liebevollen Blick auf meine Baustelle werfe, kann ich problemlos vor der Begegnung mit Christus im Sakrament der

---

13 Martin Werlen, *Im Zug trifft man die Welt*, Freiburg i. Br. 2016, 50.
14 Ebd., 60.
15 Ebd., 57.
16 Ebd., 62.

Eucharistie sagen: »Herr, ich bin nicht würdig, dass du eingehst unter mein Dach. Aber sprich nur ein Wort, so wird meine Seele gesund.« Das Bekenntnis der Schuld soll dazu beitragen, dass unsere Verhärtungen geöffnet werden und wir so Gott und seiner Schöpfung ganz neu begegnen dürfen.

Leben ist Entwicklung

Leben ist Entwicklung. Und das geht nicht ohne Baustellen. Eltern können davon mehr als *ein* Lied singen. Wer Entwicklung so sieht, muss sich nicht jeden Abend aufregen, dass nicht alle Bagger versorgt sind. Einige bleiben auf Baustellen stehen, weil sie morgen wieder im Einsatz sind. Auch manche nicht geleerte Mulde bleibt dort. Wie einsichtig ist ein Teenager in der Pubertät, der in unserem Speisesaal nach Ausführungen über Baustellen spontan sagt: »Mein Hirn ist eine Baustelle!« Dazu hat vor Jahren die *Süddeutsche Zeitung* einen Artikel mit dem Titel *Baustelle Gehirn* veröffentlicht. Wörtlich heißt es da: »Die Entwicklung des Gehirns erinnert während der Pubertät an eine Großbaustelle. Einzelne Teile müssen erst ihre richtige Form entwickeln, bevor sie sich in das Bauwerk einfügen. Und das geschieht nicht im gleichmäßigen Tempo: Die einzelnen Bauabschnitte werden unterschiedlich schnell mit der Umgestaltung fertig.«[17]

Entwicklung gibt es hoffentlich nicht nur bei den Kindern und Jugendlichen. Gerade Letztere erwarten das auch bei Erwachsenen. Wenn die verschiedenen Generationen das Leben miteinander als Baustelle gestalten, kann auch heute Großartiges daraus entstehen. Der geistliche Schriftsteller Petrus Ceelen (*1943), der auch als Aids-Pfarrer bekannt wurde, schreibt, selber schwer krank, zu seinem 80. Geburtstag: »Der Geburtstag ist ein guter Tag, um Danke zu sagen. Meinem Schutzengel habe ich zu danken, der stets zur Stelle war. Ein herzliches Danke an meine Pumpe, die all die Jahre mindestens 100.000 Mal am Tag geschlagen hat, ohne auch nur ein einziges

---

17 https://www.sueddeutsche.de/wissen/pubertaet-grossbaustelle-gehirn-1.1833081.

Mal eine Pause einzulegen. Ein dickes Danke meinem Darm, diesem dünnen Schlauch, der schon einiges transportiert hat, ohne schlapp zu machen. … Meinen Füßen ist zu danken, dass sie mich bis hierher getragen haben. Und so gehe ich meinen Weg weiter bis zur Zielgeraden, wo ich nur noch Danke sagen kann. … Wir alle sind Menschenkinder, Kinder von Menschen, die selbst einst Babys waren. Unsere Eltern waren einmal jung, haben sich nach und nach auch mit ihrem Alter arrangiert, so wie wir es auch tun.«[18] Älter werden und dabei jung bleiben: Welch großes Geschenk für alle Generationen!

Leben ist und bleibt Entwicklung. Das gilt nicht nur für Menschen, sondern auch für Tiere und die ganze Schöpfung. Jede Identität ist in ständigem Fluss. Das macht das Leben nicht einfacher, aber spannender. Vergessen wir nicht: Jede Institution, die nicht bereits am Ende ist, bleibt eine Baustelle. Da kann man nur hoffen, dass wir das akzeptieren können. Wer zur Baustelle Ja sagt, hat eine Zukunftsperspektive. Das ist hoffnungsvoll.

---

18 Petrus Ceelen, *Weiter bis zur Zielgeraden*. In: *Christ in der Gegenwart* 9/2023, 7.

Was unverzichtbar bleibt

Es gibt Berufsgattungen, deren Bedeutung wir lange Zeit gar nicht wahrnehmen. Wir wissen, dass es sie gibt. Wir begegnen ihren Arbeiten jeden Tag. Und wenn wir ihre Erzeugnisse einmal bewusst konsumieren, betrachten wir das vielleicht sogar als eine Art Luxus. Eigentlich würde es auch ohne gehen – so meinen wir.

Und plötzlich realisieren wir, was für eine große Bedeutung sie haben. Das ist mir beim Betrachten unseres Lebens als Baustelle besonders aufgegangen. In großer Bewunderung und Dankbarkeit denke ich an die Künstlerinnen und Künstler. Ihnen verdanken wir vieles: Schauspiel, Karikaturen, Musik, Plastiken, Gemälde, Theater, Graffiti, Filme, Gesang, Kabaretts, Tänze, Bücher, Essays, Performances, Gedichte, Architektur, Fotos, Komödien usw.

Die Menschen, die in diesen Bereichen engagiert sind, nehmen eine wichtige Arbeit wahr in einer Welt, in der es drüber und drunter geht. Sie ermöglichen Erfahrungen, die aufatmen lassen. Sie schenken die nötige Distanz. Durch ihre Arbeit helfen sie, die Dinge auch einmal anders zu sehen. In schwierigen Situationen gelingt es ihnen, ihren Protest anzubringen. Sie bringen es fertig, uns sogar in der Verzweiflung zum Lachen zu bringen. Sie spitzen Unmöglichkeiten so zu, dass zumindest vernünftige Menschen aufhorchen. Anlässlich der Verleihung einer Auszeichnung für ihr Lebenswerk sagte die Schauspielerin Meryl Streep (*1949): »Wenn die Mächtigen ihre Position dazu benutzen, um andere zu tyrannisieren, so verlieren wir alle.« Aus dieser Einsicht heraus hatten viele angefragte Künstlerinnen und Künstler den Mut, der Inauguration eines Präsidenten fernzubleiben, der auch nach seiner Amtszeit nicht aufgehört hat zu behaupten, er müsse eigentlich immer noch Präsident sein.

Das sind keine Kleinigkeiten. Das sind starke Zeichen. Tag für Tag dürfen wir das erfahren. Mit großer Kreativität werden das Fehlverhalten, die Verlogenheiten und die Dummheiten führender Persönlichkeiten auf der Weltbühne aufgeführt. Das lässt selbst in Situationen, die zum Davonlaufen sind, den Humor nicht verlieren. Künstlerinnen und Künstler helfen den Menschen, den Mut nicht aufzugeben. Sie bleiben wach angesichts der Versuchung, einfach alles zu schlucken und sich dem Schicksal zu ergeben.

Künstlerinnen und Künstler nehmen in der Gesellschaft eine wichtige Rolle wahr. Diktatoren wissen, warum sie diese Menschen bald von der Bühne verschwinden lassen – es sei denn, sie tanzen nach ihrer Pfeife. Humor ist deshalb auch in fundamentalistischen Kreisen so fremd, wie es dort Menschen aus anderen Kulturen sind. Da gibt es nichts herzhaft zu lachen, höchstens zynisch zu kommentieren.

Auf den Baustellen unserer Zeit gehen Menschen in sprudelnder Kreativität und mit viel Schalk und Humor auf die Straßen. Wir haben allen Grund, vielen Künstlerinnen und Künstlern zu danken. Sie muten uns humorvoll viele Herausforderungen zu – auch der Kirche. Als Ferdinand Gehr hier in der Propsteikirche das große Gemälde im Altarraum gemalt hat, ist eine Frau zu ihm gekommen und hat zu ihm gesagt: »Das kann ja ein Kind malen!« Ferdinand Gehr hat darauf geantwortet: »Ein Kind ja, aber Sie nicht.« Das ist es, was Künstlerinnen und Künstler bewahrt haben: staunen können, sich freuen können, verweilen können. Es ist ein fataler Verlust, wenn Menschen das verlieren oder wenn wir die Kinder lehren, dass sie das aufgeben sollen. Für mich sind Künstlerinnen und Künstler wichtige Lehrmeisterinnen und Lehrmeister, weil sie diese Fähigkeit nicht verloren haben und uns zum Staunen und zum Weiterdenken bringen können.

Künstlerinnen und Künstler sind in der Propstei nicht nur in ihren verschiedenen Werken anwesend. Viele kommen hierher, um kreativ tätig zu sein. Hier entstehen Ideen, aber auch Bilder, Musikstücke, Bücher usw. Das international renommierte britische Hilliard Ensemble hat bahnbrechende Aufnahmen in der Propstei St. Gerold gemacht, darunter auch das große Album *Officium* zusammen mit dem norwegischen Jazz-Saxophonisten Jan Garbarek. Einzelne Register der Wiener Symphoniker treten regelmäßig bei uns auf, mit einem Programm, das zur Propstei passt. Das bringt Leben ins Haus und fordert uns heraus. Neue Ideen entstehen und bewegen. So bleibt die Gefahr klein, zu meinen, wir könnten nun ausruhen und die Baustellen vergessen.

Und wenn vielleicht doch nicht alles so gut ist?

Als nach dem Zweiten Vatikanischen Konzil auch die Liturgie neu geordnet wurde, erschienen bald neue Kirchengesangbücher. Den Verantwortlichen im deutschsprachigen Raum war offensichtlich klar, dass das Lied *Ein Haus voll Glorie schauet* von Joseph Mohr so, wie es war, nicht einfach übernommen werden konnte. Aber gestrichen werden konnte es – aufgrund seiner Beliebtheit – auch auf keinen Fall. So bekam der deutsche Theologe Friedrich Dörr (1908–1993) den Auftrag, die Strophen 2 bis 5 neu zu dichten. Die erste Strophe musste wohl erhalten bleiben, um nicht »fromme« Hunde zu wecken. Diese Angst ist wahrscheinlich auch der Grund, warum Friedrich Dörr den neuen Text unter dem Pseudonym Hans W. Marx veröffentlicht hat. Diese Fassung steht bis jetzt in den Gesangbüchern und wird in Stadt und Land mit Freude gesungen. Die Melodie ist tatsächlich mitreißend. Aber dass uns der Text – vor allem der ersten Strophe – nicht beißt?

Im Zusammenhang mit dem Synodalen Weg der katholischen Kirche in Deutschland wurde dieses Lied von Künstlerinnen und Künstlern eindrücklich thematisiert. Zur Eröffnung der letzten Vollversammlung wurde im Frankfurter Dom eine Kunstperformance zum Thema Missbrauch und Verantwortung inszeniert. »In hellem Licht und mit voller Orgel erklingt *Ein Haus voll Glorie schauet* – doch bei ›aus ew'gem Stein erbauet‹ bricht die Musik plötzlich ab, wie wenn ein

Kartenhaus in sich zusammenfällt.«[19] Die entsprechenden Reaktionen blieben nicht aus. Maria 1.0 – eine konservative Gruppierung, die sich unter dem Motto »Maria braucht kein Update« gegen Veränderungen in der Lehre einsetzt – bezeichnete die Performance als satanisch und dämonisch. Zudem sei dies in Gegenwart des Allerheiligsten Sakraments geschehen. Von verschiedenen Seiten wurde diese Stellungnahme als unfassbar und respektlos zurückgewiesen. Auch der Passauer Bischof Stefan Oster, der sich meistens nicht scheut, mit Maria 1.0 gemeinsame Sache zu machen, bezog auf seinem Instagram-Kanal klar Stellung, weil er »entschieden widersprechen« müsse: »Ihr habt diesen künstlerischen Ausdruck völlig missverstanden. Ziel des Ganzen ist doch, der Wahrheit zu dienen, Missbrauch und Vertuschung aufzudecken, also das, was es im Herzen der Kirche leider gibt und gegeben hat, und das Leid von Betroffenen in die Mitte zu stellen. … Ihr diskreditiert Euch damit wirklich selbst, wenn Ihr das als ›satanisch‹ bezeichnet. Ich meine, Ihr kommt da nur wieder raus, wenn Ihr Euch ehrlich für diese Einschätzung offen und klar entschuldigt.« Das zumindest ließ Maria 1.0 nicht unverändert auf sich hocken. Selbstverständlich sei es »notwendig, die Wahrheit um den sexuellen Missbrauch aufzudecken. Diese Inszenierung muss dafür aber nicht in einer Kirche, in der das Allerheiligste ist, aufgeführt werden. Zudem gab es szenische Anspielungen auf Menschenopfer, einen leergeräumten Altar extra für die Inszenierung, über den ein an ein Pentagramm erinnerndes Symbol gespannt wurde. Das ging wirklich zu weit.« Der Bischof von Passau, der die Performance miterlebt hatte, betonte dagegen, er sehe »den Dienst der gestrigen Performance – im

---

19 Moritz Findeisen, *Wo die Verantwortung beginnt*. In: Christ in der Gegenwart 10/2023, 3.

Dienst von mehr Licht und mehr Wahrheit. Und viele haben das so verstanden und nicht im entferntesten an ›satanisch‹ gedacht oder wären dadurch gar ›verwirrt‹ worden.« Er sitze »auch in der Kirche und nicht nur ›das‹ Allerheiligste, sondern sogar ›der‹ Allerheiligste kommt in der Kommunion zu mir, in meine gebrochene, oft verdunkelte Wirklichkeit, damit durch mich der Wahrheit und Liebe mehr gedient wird«.[20] Auffällig ist, dass in der ganzen Auseinandersetzung der Text des Liedes nicht hinterfragt wurde. Nach der Performance wäre gerade das naheliegend gewesen, und es hätte auch zur Wahrheit der Aufarbeitung gehört.

20   https://neuesruhrwort.de/2023/03/10/bischof-oster-kritisiert-maria-1-0/.

Was ist Wahrheit?

Jetzt geht es ans Eingemachte. Durch uns soll der Wahrheit und der Liebe gedient werden. »Was ist Wahrheit?« (Joh 18,38), so mag auch bei uns die zeitlose Frage des Pontius Pilatus aufsteigen. Bei einem Besuch der Theologischen Hochschule Chur hatte unser Dekanat Walgau-Walsertal eine interessante Begegnung mit dem Assistenten der Rektorin. Er arbeitete zu dieser Zeit an seiner Dissertation über den Wahrheitsbegriff des italienischen Philosophen Luigi Pareyson (1918-1991), des Lehrers von Umberto Eco (1932-2016). Einer der Priester bat spontan darum, Wahrheit im Verständnis dieses Denkers kurz zu definieren. Die Antwort überraschte alle: »Wahrheit ist immer interpretationsbedürftig, nie relativ und stets schöpferisch.« Stets schöpferisch ist die Wahrheit, also kreativ. Haben wir das nicht tatsächlich vergessen, nicht nur in der Kirche?

Es gibt prophetische Stimmen in der Kirche, die vor der Vorstellung von einer starren Wahrheit warnen. So stellt Tomáš Halík (*1948), Soziologe, Religionsphilosoph und katholischer Priester, klar: »Wir dürfen nicht mit dem Stolz und der Arroganz derjenigen, die glauben, im Besitz der Wahrheit zu sein, auf andere zugehen. Die Wahrheit ist ein Buch, das noch keiner von uns zu Ende gelesen hat.«[21] In Kreisen, in denen »ein Haus voll Glorie schauet«, ist Halík selbstverständlich nicht die kompetente Autorität, die sie akzeptieren und für ihr Kirchenverständnis heranziehen würden. Aber vielleicht überzeugt die heilige Edith Stein (1891–1942), die anlässlich des Todes ihres jüdischen philosophischen Lehrers Edmund Husserl (1859–

---

21 Tomáš Halík in seinem Impulsvortrag bei der Prager Kontinentalsynode vom 5. bis 9. Februar 2023: https://www.sendbote.com/content/mittendrin-der-weltbischofssynode.

1938) sagte: »Es ist mir immer sehr fern gelegen zu denken, dass Gottes Barmherzigkeit sich an die Grenzen der sichtbaren Kirche binde. Gott ist die Wahrheit. Wer die Wahrheit sucht, der sucht Gott, ob es ihm klar ist oder nicht.«[22]

Die Wahrheit ist im Kontext der Kirche nicht eine starre Haltung, sondern eine lebendige Person: Jesus Christus. An sie können wir uns nur immer neu tastend heranwagen, sie erahnen und staunen. Die Begegnung mit der Wahrheit führt zur Kreativität, nie zur Starre. Wer meint, die Wahrheit zu besitzen, sät auf den Acker des Fundamentalismus. Wie treffend formuliert das der reformierte Pfarrer Kurt Marti (1921–2017): »Jedes Pochen auf eine ›reine Lehre‹ ist im Kern gewalttätig.«[23] So sieht auch der heilige Benedikt im 6. Jahrhundert die zentrale Haltung des Mönchs nicht im Bewahren des Gegebenen, sondern in der Suche nach Gott. Wir sind Suchende, nicht Angekommene.

---

22 Gotthard Fuchs, *Wer die Wahrheit sucht, der sucht Gott*. In: Christ in der Gegenwart 32/2022, 19.
23 Kurt Marti, *Heilige Vergänglichkeit. Spätsätze*, Stuttgart 2011, 30.

Die Kirche ist kreativ — oder sie ist nicht

Würde man 100 Personen fragen, was sie mit Kirche verbinden, würde gewiss nie Kreativität genannt werden. Würde man 100 Personen sagen, dass die Kirche zutiefst kreativ sei, würden 100 Personen wohl eher verwundert, einige vielleicht auch entsetzt oder enttäuscht den Kopf schütteln – von den Konservativen bis zu den Progressiven. Das überrascht, ja es muss erschrecken. Denn in der Kirche ist ständig von Kreativität die Rede. Wie ist das möglich? Fridolin Stier legt wohl auch in dieser Frage den Finger auf die Wunde, wenn er eine Geschichte aus der Zeit des Kalten Krieges kommentiert: »Ich erinnere mich an den Bericht einer Frau, dass sie wegen einer Bibel, die sich in ihrem Gepäck befand (und konfisziert wurde), ein stundenlanges Verhör durch die tschechische Polizei zu bestehen hatte. Immerhin, diese Leute scheinen mir die Bibel doch besser verstanden zu haben als die Masse des Kirchenvolks, das sich zu ihr bekennt, aber noch nie gemerkt hat, dass sie in Wahrheit sehr gefährlich ist.«[24] In der Heiligen Schrift wird am Festgefahrenen gerüttelt. Die Mächtigen, die ihre eigenen Interessen vertreten, werden vom Thron gestoßen. Die Armen und Wehrlosen werden in die Mitte gestellt. Gerechtigkeit und Barmherzigkeit werden gefordert.

Kirche ist die Gemeinschaft aller Getauften. Die skandalöse Aufsplitterung in verschiedene Konfessionen und Gruppierungen verdankt sie nicht etwa der Kreativität, sondern dem

---

24 Fridolin Stier, *An der Wurzel der Berge. Aufzeichnungen II*, Freiburg i. Br. 1984, 164.

Mangel an Kreativität. Spaltungen sind entstanden, weil die Kirche nicht lebt, was sie betet und bekennt. Im gemeinsamen Glaubensbekenntnis über alle Konfessionen hinweg sind wir uns einig, dass es nur eine Kirche gibt. In der Praxis schämen wir uns aber nicht, von verschiedenen Kirchen zu sprechen – oder wir sprechen einander das Kirchesein sogar ab.

Im Gottesdienst – zumindest in den Gebeten – haben wir es mehr mit Kreativität zu tun. Gott Vater bezeichnet die Kirche als *Creator* – als Schöpfer. Seiner Kreativität ist alles zu verdanken – vom Anfang bis zur Vollendung. Gott Sohn hat in seiner Auferstehung die Neu-Schöpfung geschenkt, weil der Mensch der Kreativität Gottes nicht treu geblieben ist. Und Gottes Geisteskraft wird *Creator Spiritus* genannt: Schöpfer Geist. In vielen Gebeten ruft die Kirche den Schöpfer Geist herab – offensichtlich nicht selten in der Hoffnung, dass alles beim Alten bleibt. Der Blick in Kommentare besonders »kirchlicher« Portale lässt vor Schreck erstarren. Jede Veränderung, ja sogar jeder Gedanke an Veränderung wird verteufelt. Bei ihnen ist alles klar. Sogar die Rede von der Gottsuche bringt diese Leute ins Schwitzen. Gott muss man nicht suchen, wir haben ihn doch!, wagen sie allzu selbstsicher zu behaupten. Wie man das wohl zusammenbringt mit dem Ruf: »Sende aus deinen Geist, und das Antlitz der Erde wird neu!«? Engen Horizonten mangelt es an Katholizität. Woher diese Enge, diese Schreckstarre?

Wurzeln der Starre

In der sogenannten konstantinischen Wende in der ersten Hälfte des 4. Jahrhunderts ist die Kirche mit Hilfe des Staates zu einem Machtsystem geworden. Wie Kirche heute lebt und auch wie sie wahrgenommen wird, ist leider immer noch davon geprägt. Solche Systeme tendieren dazu, machterhaltend zu wirken und alles Kreative, solange es nicht der Machtentfaltung dient, möglichst zu unterdrücken. Treffend sagt es Fridolin Stier: »Das Sinnen und Trachten aller Macht, wie die Geschichte der konkreten Mächte (Staaten, Kirche …) zeigt, ist von der ständigen Sorge um Erhaltung (und Mehrung) ihres Bestandes erfüllt.«[25] Damit geht die Bereitschaft verloren, die Zeichen der Zeit zu erkennen. Es interessiert nicht so sehr: »Was ist jetzt Gottes Wille?«, sondern: »Was nützt uns jetzt?« Diese Haltung liegt nahe bei der bereits erwähnten egoistischen Haltung, die in keiner Weise mit dem Evangelium vereinbar ist: »Hauptsache, uns geht es gut!« Davon zeugt auch jeder Machtmissbrauch in der Kirche und der Umgang damit. So kümmert sich die Kirche um sich selbst und verabschiedet sich von den Menschen, die ihrer Sorge anvertraut sind. Die Kirche hat nicht in erster Linie die Aufgabe, von der Kanzel herunter zu predigen, sondern mitten unter den Menschen zu leben. Sie soll nicht herrschen, sondern dienen. Das hat Bischof Óscar Romero (1917–1980) in der Begegnung mit den Armen gelernt. Er schreckt heilsam auf, wenn er in seiner Predigt am 3. Dezember 1978 – ein Jahr vor seiner Ermordung – sagt: »Wenn viele Menschen sich bereits von der Kirche entfernt haben, dann ist

---

25 Fridolin Stier, *An der Wurzel der Berge. Aufzeichnungen II*. Freiburg i. Br. 1984, 59.

das darauf zurückzuführen, dass die Kirche sich zu weit von der Menschheit entfernt hat. Eine Kirche, die die Erfahrungen der Menschen als ihre eigenen verspürt, die den Schmerz, die Hoffnung, die Angst aller, die sich freuen oder leiden, am eigenen Leib verspürt, diese Kirche wird zum gegenwärtigen Christus.«[26]

Kirche, die zum gegenwärtigen Christus wird, ist kreativ in der je aktuellen Situation. Dies ist in den vergangenen zwei Jahrhunderten zunehmend verloren gegangen. An der Beziehung zur Kunst wird das besonders augenfällig. Seit dem Ende des 18. Jahrhunderts hat sich die Kirche weitgehend von der Kunst abgehängt und im 19. Jahrhundert gar einen eigenen Kunststil gepflegt, der sich von der Kunst dieser Welt verabschiedet hatte. Was da verpasst wurde, wird einem bewusst, wenn man den Nazarenerstil (er hatte das Ziel, die Kunst aus dem Geiste des Christentums zu erneuern) mit den Werken eines Paul Cézanne (1839–1906) oder eines Vincent van Gogh (1853–1890) vergleicht. Fridolin Stier meint zu diesem ›Kirchenstil‹: »In der Christus-Ikone der Ostkirche erscheint mir das historische Bild Jesu treuer bewahrt als in den Heilandsbildern der von der Aufklärung inspirierten Malerei der Nazarener ...«[27] So sind heute in den meisten Kirchen und Klöstern Kunstwerke anzutreffen, deren Entstehungszeit bis ins 19. Jahrhundert reicht, aber nicht weiter. Die moderne Kunst fehlt weitgehend. Dass das in der Propstei St. Gerold nicht so ist, führt gelegentlich dazu, dass Besuchende fragen, ob dieser Ort wirklich katholisch sei. Zum Kirchenbau gehört in ihrer Wahrnehmung, dass er in früheren Zeiten stehen ge-

---

26 Monsenor Oscar A. Romero, *Homilías, Bd. IV*, San Salvador 2007, 34. Übersetzung von Martin Maier SJ.

27 Fridolin Stier, *Vielleicht ist irgendwo Tag. Die Aufzeichnungen und Erfahrungen eines großen Denkers*, Freiburg i. Br. ²1994, 82.

blieben ist. Der Mangel an zeitgenössischer Kunst in Kirchenbauten wird übrigens auch durch die rückwärtsgewandten Bestrebungen des Denkmalschutzes gestützt. Bei uns musste ein Boden unter dem neuen Lehmboden schließlich doch erhalten bleiben, der fünf Monate lang freigegeben gewesen war. Warum die Gesinnungsänderung? Weil ein Stern im Kieselsteinboden entdeckt worden war. Die Begründung mutet fast sarkastisch an: »Das Sternornament in der Mitte war im kürzeren, bereits freigelegten Teil nicht vorhanden. Dieses … zeigt in einer etwas ländlichen Ausprägung den Wunsch nach dekorativer Flächengestaltung.« Das ist wahrlich kein Kompliment für den damaligen Bodenleger. Die restaurative Haltung mit oft peinlichen Begründungen gibt es auch innerkirchlich. Die Glaubenskongregation (heute: Dikasterium für die Glaubenslehre) hat die Aufgabe, die Glaubens- und Sittenlehre in der ganzen katholischen Kirche zu fördern und zu schützen. Ihre Aufgabe wurde und wird weitgehend im Verhindern und im Stoppen von Initiativen gesehen. Das ist alles andere als eine Ermutigung zur Kreativität, die wesentlich zur Kirche gehört. Bei der Ernennung des neuen Präfekten im Sommer 2023 hat Papst Franziskus nun eine andere Haltung vorgegeben, die hoffentlich bald erfahrbar wird: »Die Glaubenskongregation, der du vorstehen wirst, ist in früheren Zeiten so weit gegangen, unmoralische Methoden zu verwenden. Es waren Zeiten, in denen – anstatt das theologische Wissen zu fördern – vor allem mögliche lehrmäßige Irrtümer verfolgt wurden. Was ich von dir erwarte, ist ohne Zweifel etwas ganz Anderes. … Dieses harmonische Wachstum wird die christliche Glaubenslehre viel effizienter schützen als jeder Kontrollmechanismus.«[28]

---

28 https://www.theologie-und-kirche.de/brief-franziskus-praefekt.pdf.

Die Leitung der Kirche hat sich über Jahrhunderte oft nicht als kreativ erwiesen. Anders dagegen viele der Menschen, die als Heilige verehrt werden. Sie waren Pioniere – und nicht Sitzengebliebene. Deswegen hatten zahlreiche unter ihnen immer wieder Probleme mit kirchlichen Amtspersonen. Die Heiligen verhielten sich nicht so, wie es Brauch und Sitte war. Die heilige Teresa von Ávila (1515–1582) war nach dem Urteil des päpstlichen Nuntius in Spanien »ein unruhiges, herum-vagabundierendes, ungehorsames und verstocktes Weibsbild, das unter dem Vorwand von Frömmigkeit falsche Lehren er-fand«.[29] Der heilige Don Bosco (1815–1888) wurde wegen seines Engagements für die Kinder und Jugendlichen auf der Straße als Bandenführer beschimpft. Einige Priester wollten ihn mit einem Trick in die Irrenanstalt befördern lassen. Klug, wie Don Bosco war, ließ er zuerst die beiden um die »Wahr-heit« besorgten Priester in die Kutsche einsteigen, schlug dann von außen die Türe zu und befahl dem Kutscher: »Ab in die Irrenanstalt!« Der heilige Óscar Romero beschäftigte als Bi-schof die Glaubenshüter in Rom wegen seines Einsatzes für die Armen und gegen die Ungerechtigkeiten. Über manche späte-re Heilige hatte man in Rom kein glorreiches Dossier angelegt.

---

29 Teresa von Ávila, *Werke und Briefe* (Gesamtausgabe, hg. von Ulrich Dobhan und Elisabeth Peeters), Bd. 2: *Briefe*, Freiburg i. Br. 2015, 780.

Schreiend abwesend

Wenn es unserer Zeit an etwas mangelt, so ist es die Kreativität. An allen Ecken und Enden weiß man nicht mehr weiter. Ein Blick in die politische Landschaft verschiedener Länder lässt erschrecken. Die Gesellschaft steht vor vielen großen Problemen. Immer wieder höre ich Stimmen aus politischen Parteien: Um eine Koalition einzugehen, muss die andere Partei diesem oder jenem zustimmen. Ob das wirklich dem Aufbau der Gesellschaft dient? Müsste man sich nicht vielmehr zuerst auf die anstehenden Problemfelder in ihrer Komplexität einigen können und miteinander kreativ nach Lösungen suchen, die eine Besserung versprechen? So zeichnen sich Einzelne, obwohl sie da sind, in den Parlamenten durch schreiende Abwesenheit aus und werden durch ihre große Medienpräsenz tragischerweise zu starken Stimmen in der Öffentlichkeit.

Im Horizont vieler Menschen hat die Kreativität keine Existenzberechtigung. In dem Buch des Herder-Verlags zum 225-jährigen Jubiläum (1798–2023) fehlt das Stichwort »Kreativität«.[30] In dem Buch mit demselben Titel zum 200-jährigen Jubiläum wird Kreativität zuerst als Ausdruck egoistischer Selbstverwirklichung betrachtet.[31] Gerade darum geht es nicht, wenn in diesem Buch von Kreativität die Rede ist. Der Autor des Beitrags in der Jubiläumsschrift, Klaas Huizing, weist zu Recht darauf hin, dass Kreativität auf dem Bestehenden (der Tradition) weiterbauen muss. Sie ist uns nicht gegeben, um

---

30 Manuel Herder (Hg.), *Was kommt. Was geht. Was bleibt. Kluge Texte über die wichtigsten Fragen der Zeit*, Freiburg i. Br. 2023.
31 Klaas Huizing, *Kreativität. Werdet Poeten des Logos!*, in: Markus Schächter (Hg.), *Was kommt. Was geht. Was bleibt*, Freiburg i. Br. 2001, 201–203.

uns auf Kosten der anderen egoistisch zu profilieren, sondern um zum Aufbau der Gemeinschaft und dem Miteinander in der Schöpfung beizutragen. Das ist heute gefordert. Phantasielos sind manche Versuche, den Weg in die Zukunft zu finden. »Festung Österreich« proklamiert eine politische Partei und kann damit viele Menschen angeln. Das nährt die Hoffnungslosigkeit. So wird es immer enger. Vom Mangel an Kreativität zeugen auch die Polarisierungen in Kriegssituationen. Es gibt scheinbar nur die beiden Alternativen: Macht des Stärkeren oder Naivität. Doch es gibt nicht nur 1 oder 0, wie die Polarisierungsbonzen denken und damit viele Menschen in diese Enge treiben – auch in der Kirche. Wo ist der kreative Geist? Fast hätte ich noch mit gutem Gewissen geschrieben: Wo ist die Begeisterung?

Immer wieder merke ich – Gott sei Dank! –, dass ich auf dem Weg bin. Als Firmspender habe ich oft in der Predigt zu den jungen Menschen gesagt, dass unsere Zeit begeisterte Menschen brauche. Ich habe nicht gemerkt, wie problematisch dieses Wort ist. Wir brauchen nicht begeisterte Menschen, die von allen möglichen und unmöglichen Geistern bewegt werden und besessen sind. Die haben wir leider bereits zur Genüge. Mit Martin Buber müssten wir vielmehr sagen: Wir brauchen »begeistete« Menschen, vom Geist Gottes ergriffene und bewegte.

Allerdings ist bereits das Wort »Geist« in der deutschen Sprache nicht sehr treffend für die Wirklichkeit, die es zur Sprache bringen möchte. Es ist wieder Fridolin Stier, der uns dafür die Augen öffnet, wenn er an die Wörter aus der hebräischen, griechischen und lateinischen Sprache erinnert: »Warum haben unsere Sprachväter aus ruach, pneuma, spiritus nicht das Wehen, das Wehende herausgehört? So ist der ›Geist‹ um einen sinnenhaft starken Namen für das schaffende, belebende und hinreißende Element gekommen, das seine biblischen Namen schuf.«[32]

Weil die Dringlichkeit der Kreativität so offenkundig ist, würden wir gut daran tun, einen anderen Namen für die Wirklichkeit Gottes zu finden, die uns kreativ werden lässt und die in der hebräischen Ursprache zudem weiblich ist.

---

32 Fridolin Stier, *An der Wurzel der Berge. Aufzeichnungen II*, Freiburg i. Br. 1984, 157.

Abschied vom Heiligen Geist

Ist der Heilige Geist, den wir in der Kirche Schöpfer Geist nennen, abwesend? Er führte in der Kirche im Westen über die Jahrhunderte ein Schattendasein. Anders ist es nicht zu erklären, dass ständig von Kreativität gesprochen wird, dies aber kaum etwas mit dem konkreten Leben der Kirche zu tun hat. Wo bleibt dieser kreative Geist? Wagen wir deshalb die Suche nach einer neuen Bezeichnung, um einen anderen, so dringlichen Zugang zu dieser Gegenwart Gottes zu finden.

Ein gewohnter Begriff darf es nicht sein. Gewohntes und Abgedroschenes bewegt selten, zudem wäre diese Kraft von Anfang an gelähmt. Es sollte auch nicht ein Wort sein, das wir für alles Mögliche und Unmögliche gebrauchen, wie das bei »Geist« der Fall ist. Das Wort »Geist« gebrauchen wir auch für ein Gespenst. Kinder werden es spontan so verstehen. Als ein Priester bei der Gabenbereitung den Kindern erklärte, dass jetzt der Heilige Geist komme, rief ein Kind erstaunt: »Wow!« Am Tag zuvor war es in einer Geisterbahn gewesen. Tatsächlich: Wir sprechen davon, dass es in einem Haus geistert. Sowohl Martin Buber als auch Fridolin Stier haben in solchen Situationen den Mut gehabt, neue deutsche Wörter zu kreieren. Sie waren dafür kreativ genug. Darum haben sie einander wohl auch so gut verstanden. Um aus der patriarchalen Enge herauszukommen, wäre es gewiss auch angemessen, wenn die dritte Person der Dreifaltigkeit – des Geheimnisses, das wir Gott nennen – so wie in der Ursprache Hebräisch auch in der deutschen Sprache eine weibliche Sprachform hätte – anders als in der Wortschöpfung »Braus Gottes« (Gen 1,2) von Martin Buber, die wohl den Atem Gottes treffend zum Ausdruck bringt, aber leider maskulin bleibt. Die abstrakten Schlussformen wie -ung oder -keit, die Weiblichkeit garantieren, kommen aber keinesfalls in Frage, denn sie bezeichnen Unpersönliches. Diese Kraft Gottes, die wir meinen, geht von Gott aus und bewegt. Sie hat in den anderen Sprachen mit dem Atem zu tun. Das sollte auch in unserer Sprache klar zum Ausdruck kommen. Darum schlage ich hier vor: Die Heilige Anhauche. Ob das sprachlich nicht besser zum Ausdruck bringt, was in der Form »Heiliger Geist« kaum bewegt? Einige – vor allem Festgefahrene – wird das ganz gehörig nerven. Sie fürchten um die Rechtgläubigkeit. Oder ist es nicht vielmehr ihre Angst, die Heilige Anhauche könnte uns in Bewegung bringen, so wie die Jüngerinnen und Jünger Jesu beim Pfingstfest in Jerusalem? Das Evangelium selbst legt mir diese Übersetzung nahe: »Nun sprach Jesus zu ihnen abermals: Friede euch! Wie der Vater mich gesandt hat, so schicke auch ich euch. Und als er das gesprochen, hauchte er sie an, und sagt zu ihnen: Empfanget heiligen Geist!« (Joh 20,21–22).

Was passiert, wenn man sich von Gott anhauchen lässt? Wir wissen es nicht. Trauen wir uns, das zu wagen? Eines ist klar: Wo Gott anhaucht, da werden Menschen kreativ. Davon zeugt das Wort Gottes vom Anfang der Bibel bis zum Schluss.

Ein besonderer Ort

Als kreativer Ort wird das Kloster Einsiedeln von vielen Menschen in der Propstei St. Gerold wahrgenommen. Mit dem heiligen Gerold ist hier im 10. Jahrhundert ein Samen gesetzt worden, der auch heute reiche Frucht trägt. Vor 60 Jahren hat P. Nathanael Wirth im Auftrag des Klosters Einsiedeln auf diesem Fundament eine neue Dynamik entfacht. Weil das Kloster zu diesem Erbe steht, hat P. Kolumban Reichlin von 2009 an hier weitergewirkt und die Verantwortung 2020 an den Schreiber dieses Buches weitergegeben. Immer gab es hier Baustellen. Und das soll auch in Zukunft so bleiben. Der seit 1000 Jahren zum Kloster Einsiedeln gehörende Ort ist zu einem benediktinischen Zentrum der Spiritualität, der Kultur und der Bildung geworden. Die Propstei ist auf dem Weg, das immer neu zu sein.

Das Grundlegende in der Propstei St. Gerold ist das Miteinander. Sie beherbergt alte und junge Menschen, arme und reiche, suchende und ringende, erfolgreiche und gestrandete, gesunde und kranke. Es geht um das Miteinander von Gott und seiner ganzen Schöpfung. Die meisten Besucherinnen und Besucher erleben in der Propstei St. Gerold Kreativität. Und sie gehen ihren Weg kreativer weiter. Wie ist das möglich?

An diesem besonderen Ort werden Menschen eingeladen, in die Tiefe zu gehen. Besuchende schätzen die stets offenen und besinnlichen Plätze. Das Angebot an Gottesdiensten soll Gottes Kreativität erfahrbar machen. Die Architektur vor Ort ist ein wichtiger Faktor, dass sich Menschen schnell daheim fühlen. Peter Zumthor (*1943) sagt zu dieser Herausforderung: »Die Architektur bewährt sich im Umgang mit den Menschen an seinem Ort. Das Haus muss etwas können, was man von so einem Haus erwartet. Ein Schlafzimmer ist etwas anderes als ein Kinosaal, und ein Bahnhof anders als ein Kunstmuseum. Das ist einfach das intuitive Reagieren. Und ›stimmig‹ ist ein wunderbares deutsches Wort. ›Stimmung‹, ›etwas stimmt‹, der Geiger stimmt seine Geige, da ist klar, was gemeint ist. In diesen schönen deutschen Wörtern, die wir haben, kann man das beschreiben.«[33]

»Stimmig!« Genau so beschreiben viele Besucherinnen und Besucher die Gestaltung der Räume der Propstei. Die vorherrschenden Materialien in der Propstei sind Holz und Lehm. Für die stimmige Gestaltung sind der Lehmpionier Martin Rauch (*1958) und das Architekturbüro Hermann Kaufmann (*1955) seit Jahrzehnten vor Ort. Was Simon Hadler vom ORF über Lösungen bei den neuen Herausforderungen beim Bauen im Zusammenhang mit dem Klimawandel schreibt, trifft auf die Renovation unserer Gebäude aufs Genaueste zu: »Die Baubranche zeichnet für 37 Prozent der internationalen CO_2-Emissionen verantwortlich. Lösungen wären: Renovieren statt neu zu bauen, leben auf kleineren Flächen pro Person und die Verwendung recycelter und alternativer Rohstoffe. Neben Holz wird da vor allem Lehm genannt.«[34] Wir renovieren Bausubstanz aus 10 Jahrhunderten. Wenn das nicht nachhaltig ist! Die aktive Forstwirtschaft ist für die Propstei seit Jahrzehnten eine Selbstverständlichkeit, ebenso die Hackschnitzelheizung mit Fernwärmesystem. Beim kleinen Hallenbad wurde eine Solaranlage errichtet zur Badewassertemperierung. Der Friedhof ist mit Lehmmauern gestaltet. Lehm aus der Gegend prägt auch die Krypta, die Reithalle, den Weinkeller und den Boden im Erdgeschoss des historischen Propsteigebäudes. Böden,

33 https://www.tagesspiegel.de/kultur/jedes-bauwerk-hat-einen-emotionalen-kern-3550900.html.

34 https://topos.orf.at/lehmbau-klima100.

Zimmer und Treppen sind mit Eschenholz gemacht, größtenteils aus dem eigenen Wald. Auf dem Areal ist eine E-Tankstelle, um die Reise mit Elektroautos zu fördern. Für den Betrieb mit den Therapie-Pferden wurde bei der Sanierung der Therapiehalle und des Pferdestalls eine Zisterne gebaut. Dort wird Regenwasser und Quellwasser gefasst, um damit den Reitplatz zu beregnen. Das propsteieigene Quellwasser wird auch zur Restaurant-Kühlung gebraucht. Der Propsteigarten ist als Laudato-si'-Garten angelegt, in Anlehnung an die Enzyklika von Papst Franziskus über die Sorge für das gemeinsame Haus. Angeregt durch die Benediktinerin Hildegard von Bingen (1098–1179) werden auf zwei Feldern Kräuter gepflanzt, auf den anderen zwei Feldern verschiedene Beeren zum Naschen. Der Garten lädt dazu ein, darin zu verweilen. Wir haben nicht Pferde als Nutztiere, sondern sind mit den Pferden gemeinsam unterwegs. Sie werden nicht einfach hergenommen, um eine Therapiestunde zu absolvieren, sondern die therapeutischen Begegnungen werden so gestaltet, dass das Wohl des Menschen und das Wohl des Tieres im Mittelpunkt stehen. Auf dem Hallendach ist eine große Photovoltaik-Anlage. Auf dem Areal wohnen auch fleißige Bienen. Im Kirchendach ist eine der größten Kolonien der Kleinen Hufeisennase (einer Fledermausart) in Österreich zu Hause.

Zum Miteinander gehören die gute Küche und die familiäre Atmosphäre, zu der alle Mitarbeitenden aus verschiedenen Nationen und Religionen – darunter auch mehrere integrative Arbeitsplätze – beitragen in den je eigenen und betrieblichen Baustellen. Besuchende entdecken, was die Begegnung mit den Pferden in ihnen auslöst – sei das in Therapien, in Seminaren oder in den angebotenen Begegnungen und Meditationen. Jedes Hör-Mahl (also nicht einfach Konzerte, die gibt es an anderen Orten zur Genüge) bewegt die Aufführenden und die Hörenden. In Gesprächen werden Freuden und Sorgen des Alltags angesprochen und auch die eigenen Verhärtungen. Miteinander werden Schritte gesucht, die in die Weite führen.

Regelmäßig halten internationale, nationale und regionale Unternehmen an diesem Ort Firmenseminare. Warum sie bereits seit Jahren nach St. Gerold kommen? Immer wieder kommt als Antwort auf diese Frage: Hier sind wir kreativer! Vergessen wir nicht: Nicht trotz, sondern wegen den Baustellen. Auch die verschiedenen eigenen Seminare wollen Menschen helfen, ihr Leben tiefer und reichhaltiger zu entdecken.

In der Propstei entstehen viele neue Ideen, die weit in die Welt hinausgetragen werden, darunter Musikwerke, Skulpturen, Gemälde, Artikel und Bücher. Zur Kreativität des Ortes tragen auch die vielen Kunstwerke drinnen und draußen bei. Die Propstei bleibt nicht stehen. Es wird versucht, das zu leben, was das Dokument des Zweiten Vatikanischen Konzils *Über die Kirche in der Welt von heute* so ausdrückt: »Freude und Hoffnung, Trauer und Angst der Menschen von heute, besonders der Armen und Bedrängten aller Art, sind auch Freude und Hoffnung, Trauer und Angst der Jünger Christi.« Welch ein Geschenk, wenn wir einen solchen Ort entdecken! Da bin ich gewiss: Es gibt mehr Oasen, als wir vermuten. Die kirchlichen Gruppen, die hierherkommen, sind auf ihren Baustellen kreativ unterwegs und sind bereit, auf ihren Baustellen anzupacken. Wer sich im Stehenbleiben auszeichnet, findet den Weg hierher nicht.

Die Kirche als Bau-Werk

Ist es Zufall, dass »Baustelle« und »kreativer Ort« in diesem Buch identisch sind? Keineswegs. In der Propstei schaut kein Haus voll Glorie weit übers Land. Sie liegt abgelegen und fast versteckt. Sie drängt sich nicht auf. Man entdeckt sie nicht zufällig. Fürs Marketing ist das nicht ideal. Das wissen wir, und dazu stehen wir. Wo immer wir sind: Zur Wahrheit gehört auch, sich der Wirklichkeit zu stellen.

Die Kirche ist eine riesige Baustelle. Ist es nicht erstaunlich, dass man das in den vergangenen Jahrzehnten bis zu Papst Franziskus nicht einmal sagen oder schreiben durfte? Wer zudem noch Vorschläge für den Weiterbau einbrachte, wurde nicht selten durch Schreib- und Redeverbot berühmt gemacht. So wurden viele prophetische Stimmen in der Kirche zum Verstummen gebracht. Stattdessen bemühte man sich, alles ruhig zu halten und möglichst oft *Ein Haus voll Glorie schauet* zu singen. Jetzt ist es endlich wieder möglich, die Kirche ohne Angst als Baustelle zu bezeichnen. Dieses dynamische Verständnis der Lehre über die Kirche ist vielleicht der größte Beitrag des jesuitischen Papstes in unserer Zeit. Nur wenn die Kirche sich selbst als Baustelle versteht, kann sie heute mit den Menschen in ihren Baustellen glaubwürdig auf dem Weg sein. Die Theologin Marie-Luise Langwald bringt all diese Einsichten in einem kurzen Gedicht zugleich realistisch und hoffnungsvoll auf den Punkt.[35]

---

35 Marie-Luise Langwald, in: *Komm, Heilige Geistkraft. Gebete und Gedichte für das Kirchenjahr*, Ostfildern 2023.

Bau-Werk

Manches ist dunkel
in unserer Kirche,
in den Gemeinden
und Gemeinschaften.

Das Licht ist erloschen.
Kraft fehlt.
Leben ging verloren.

Wir feiern den Grundstein,
ahnen
das Licht
und ent-decken (neu)
die Quelle.

Unsere Kirche
ist kein Haus voll Glorie.

Unsere Kirche
ist ein Bau-Werk,
bleibend.

Der heilige Paulus war sich bewusst, wie wenig Grund wir haben, uns des Glaubens im Bild des Perfekten zu rühmen. Sein Bild ist anders: Unser Glaube ist ein kostbares Geschenk, das wir in zerbrechlichen Gefäßen tragen: »Wir haben jedoch diesen Schatz in irdenen Gefäßen; Gottes ist also der Kraftüberschwang – nicht aus uns. Allseits bedrängt – sind wir doch nicht geängstet; weglos – doch nicht ausweglos; gejagt – doch nicht im Stich gelassen; niedergeworfen – gehen wir doch nicht zugrunde. Allezeit tragen wir das Hinsterben Jesu am Leib umher, damit auch das Aufleben Jesu an unserem Leib aufscheine. Denn: Fortwährend werden wir, die Lebenden, dem Tod ausgeliefert – um Jesu willen – damit auch das Leben Jesu an unserem sterblichen Fleisch aufscheine« (2 Kor 4,7–11).

Im Saarland stellten im Sommer 2023 evangelische und katholische Kirchengemeinden einen Bauwagen als »Ort des Zuhörens« zur Verfügung. »Wer etwas auf dem Herzen hat, sich ärgert, eine Frage hat, sich freut oder einfach von seinem Tag erzählen möchte, kann zum Bauwagen kommen.« Dieses Projekt wurde bereits 2019 und 2022 durchgeführt. Hintergrund der Aktion sei das »Bild einer Kirche, die Anteil am Leben der Menschen vor Ort nimmt, indem sie sich für deren Notlagen, Probleme und Bedürfnisse öffnet und auf die Menschen zugeht – anstatt darauf zu warten, dass die Menschen zu ihr kommen«.[36] Das Bild der Kirche als Baustelle beginnt in kreativer Weise konkretisiert und verwirklicht zu werden. Alles rundherum spricht dafür. Ich freue mich, wenn auch dieses Buch zum Anpacken ermutigt.

---

36 https://www.domradio.de/artikel/kirchen-bieten-bauwagen-zum-zuhoeren-beim-schaumberg.

Der Weltjugendtag 2023 und die Polarisierung in der Kirche

Wie unterschiedlich verschiedene Menschen sich Kirche heute vorstellen, zeigte sich in aller Deutlichkeit beim Weltjugendtag Anfang August 2023 in Lissabon. Es gibt diejenigen, die mit Freudentränen *Ein Haus voll Glorie* singen, und diejenigen, die mit Tränen der Trauer und des Zornes das Schreckenslied der Kirche anstimmen. Wie freute es mich, dass Papst Franziskus gerade hier das Bild der Baustelle einbrachte, das aus der Polarisierung herausführen kann.

Für den Präses der Jugendseelsorge im Bistum Görlitz klang »katholisch« im Vorfeld des Glaubensfestes in Portugal leider immer noch abgrenzend (das Gegenteil seiner Bedeutung von Weite) und von oben herab schauend: »Was machen die Jugendlichen dort? Sie sind katholisch, sie beichten, verehren den Herrn in der Eucharistie und beten den Rosenkranz. … Die Begegnung mit Christus … geschieht … nicht dadurch, dass Jugendliche diskutieren, was sich alles ändern muss. … Unsere Aufgabe ist es, für die zu beten, die sich noch nicht für die Gnade Gottes öffnen und sich nicht erlösen lassen.«[37] Kurz und etwas zugespitzt gesagt also: Wer nichts hinterfragt, hat sich für die Gnade Gottes geöffnet. Da bleibt zu hoffen, dass der Weltjugendtag sogar Seelsorgende begeistet hat. Ansonsten müsste sich der Bischof neu überlegen, wem er die jungen Menschen anvertrauen möchte. Ein Jugendlicher sagte: »Ich will die kirchenpolitischen Debatten hier mal außen vor lassen – es tut gut, hier

---

37 https://www.katholisch.de/artikel/46313-weltjugendtag-beginnt-abgrenzung-statt-einladender-offenheit.

das ins Zentrum zu stellen, was ins Zentrum gehört.«[38] Diese Stimmen machen deutlich: Die Wirklichkeiten, die die Welt und die Kirche zur Zeit so richtig durchschütteln, sollen zumindest beim Weltjugendtag draußen bleiben. Die Jugendlichen sollten eine heile (Welt-)Kirche erleben. Andere Stimmen erwarteten hoffnungslos, dass die Schreckensbotschaften über die Kirche im Zentrum stehen. Hier zeigte sich die Polarisierung, in der wir seit Jahrzehnten gelähmt stehen, in aller Deutlichkeit.

Das Bild der Kirche als Baustelle muss weder die Wirklichkeit ausblenden noch die Hoffnung, die uns geschenkt ist. So bringt Papst Franziskus in seinem Austausch mit Studierenden die beiden Wirklichkeiten zu Sprache: »Wie einige von euch betont haben, müssen wir die dramatische Dringlichkeit anerkennen, uns um das gemeinsame Haus zu sorgen. Dies kann jedoch nicht ohne eine Bekehrung des Herzens und eine Änderung der anthropologischen Sicht geschehen, die der Wirtschaft und der Politik zugrunde liegt. Wir können uns nicht mit bloßen Linderungsmaßnahmen oder zaghaften und zweideutigen Kompromissen zufriedengeben.«[39] In der Ansprache an die Verantwortlichen in der Politik appelliert Papst Franziskus ausdrücklich an die Kreativität, um miteinander an drei großen Baustellen zu arbeiten: »Bemühen wir uns also mit Kreativität, etwas gemeinsam aufzubauen! Ich stelle mir *drei Baustellen der Hoffnung* vor, an denen wir alle gemeinsam arbeiten können: die Umwelt, die Zukunft und die Geschwisterlichkeit.«[40]

---

38 https://www.katholisch.de/artikel/46332-warum-so-wenige-deutsche-zum-weltjugendtag-nach-lissabon-reisen#share-social-side.

39 https://www.vatican.va/content/francesco/de/speeches/2023/august/documents/20230803-portogallo-universitari.html.

40 https://www.vatican.va/content/francesco/de/speeches/2023/august/documents/20230802-portogallo-autorita.html.

Der Weltjugendtag 2023 hat vor Augen geführt, dass das Bild der Baustelle tatsächlich einen Weg in die Zukunft weisen kann. Ein »Fest der unfertigen Kirche«[41] nennt die Zeitschrift *Christ in der Gegenwart* treffend die Feier in Lissabon. Schon die Gestaltung des Altarraums erinnerte an ein Baugerüst. Papst Franziskus begegnete am ersten Abend Opfern geistlicher Macht und zeigte damit klar, dass die Probleme nicht unter den Teppich gekehrt werden, wie das verschiedene Stimmen mindestens für die Zeit des Weltjugendtages gefordert hatten. Die Sorge für das gemeinsame Haus wurde verschiedentlich thematisiert. Während die Regenbogenfahne bei einzelnen Teilnehmenden handgreifliche Aggressionen weckte, wurde Papst Franziskus nicht müde, zu betonen, dass die Kirche eine Kirche für alle ist.[42] Fridolin Stier nimmt da schon lange vorher klar Stellung: »Aus der Kirche, wäre sie die Kirche *Jesu*, müsste das ›Kommet zu mir alle!‹ zu hören sein. Was aber höre ich? ›Ein Haus voll Glorie schauet …‹«[43] Ob sich die verschiedenen Gruppierungen heute darauf einlassen, gemeinsam an die Arbeit auf der Baustelle zu gehen, die für alle offen ist? Der Weltjugendtag hat gezeigt, dass es möglich ist. Viele Teilnehmende haben eine lebendige Kirche erfahren. Auf einer Baustelle sind alle gefordert, sich der Situation zu stellen und mit den je eigenen Gaben zum Aufbau beizutragen.

---

41 *Christ in der Gegenwart* 32/2023, 1.
42 https://www.katholisch.at/aktuelles/144794/papst-mit-grossem-jubel-beim-weltjugendtag-in-lissabon-begruesst.
43 Fridolin Stier, *An der Wurzel der Berge. Aufzeichnungen II*, Freiburg i. Br. 1984, 144.

Bibellesen 2.0

Die Baustelle als Bild für die Kirche ist biblischer, als die meisten Leserinnen und Leser das jetzt noch vermuten dürften. Wenn wir den Weg von Bibellesen 1.0 zu Bibellesen 2.0 wagen, öffnet sich der Horizont. Überrascht stellen wir fest: Die Bibel ist voll von Baustellen. Dass mir das bis dahin nicht aufgefallen ist! Mit dieser Einsicht ist meine Liebe zum Wort Gottes ganz gehörig gewachsen. Es ist fast, als ob ich dieses so vielfältige Buch neu lesen würde. Die Schriftstellerin und Dichterin Eva Zeller (1923–2022) gibt mir die richtigen Worte, um das zur Sprache zu bringen:

Bibellesen

Nicht daß ich es
nur lese um es
zu lesen

Ich habe das
unverschämte Glück
am Tropf dieser
Worte zu hängen.[44]

Wer die Heilige Schrift öffnet, begegnet überall Baustellen. Viele diesbezügliche Stellen sind selbst Menschen vertraut, die sich – bisher – in der Bibel nicht ausgekannt haben (das wird sich nun gewiss schnell ändern …). Denken wir zum Beispiel an den Bau der Arche Noach (Gen 6,12–22) oder an

---

44 Eva Zeller, *Das unverschämte Glück*, Stuttgart 2006, 8.

den Turmbau zu Babel (Gen 11,1–9). Das Volk Israel wurde in Ägypten zur Fronarbeit gezwungen. Auf dem Zug durch die Wüste musste immer wieder das Zeltlager aufgebaut werden. Die größten Baustellen waren wohl der Bau des Tempels und der Wiederaufbau nach dessen Zerstörung. Noch viele andere Beispiele könnten aufgezählt werden. Aber diese werden alle Leserinnen und Leser, die jetzt aufs Bibellesen neugierig gemacht wurden, selbst entdecken.

Auch das Neue Testament ist voll von Baustellen. Das beginnt mit der zentralen Person selbst: »Der von euch, den Bauherren, verachtete Stein – er ist zum Hauptstein geworden« (Apg 4,11). Jesus selbst war Bauhandwerker – »tekton« wird er in Mk 6,3 genannt. Damit ist ein Handwerker im Bauwesen gemeint. Dort sind – wie wir alle wissen – die Tätigkeiten weit gefächert. Daraus ist in der europäischen Perspektive der Zimmermann geworden. Im holzarmen Galiläa haben die Bauarbeiten vor allem mit Stein zu tun. Darum trifft die Berufsbezeichnung »Bauhandwerker« wohl besser zu. Bis vor nicht allzu langer Zeit war es üblich, dass die Söhne den Beruf des Vaters übernahmen. So war es auch bei Jesus. Josef war ein Bauhandwerker (vgl. Mt 13,55). Dieser Beruf führte zur Wanderschaft aufgrund längerer oder kurzer Einsätze dort, wo man an die Zukunft glaubte. Heinz Schürmann hat den Begriff »Bauhandwerker auf Montage« geprägt. So wird der Beiname Jesu »der Nazarener« verständlich. Damit wurde der Bauhandwerker außerhalb seines Dorfes identifiziert.[45]

---

45 Vgl. Martin Ebner, *Jesus von Nazaret. Was wir von ihm wissen können*, Stuttgart ²2012, 99–100.

Der Meister für Menschen mit Baustellen

Bei allem bisher Gehörten muss es nicht überraschen, dass Jesus der Meister für Menschen mit Baustellen ist. »Nicht die Starken brauchen den Arzt, sondern die übel dran sind. Ich bin nicht gekommen, Gerechte zu rufen, sondern Sünder« (Mk 2,17). Von dieser Haltung spricht Jesus nicht nur, er lebt sie. Nur ein Beispiel sei hier angeführt: »Es geschah aber: Während er Jericho nahte, saß ein Blinder bettelnd am Weg. Und er hörte, wie Leute dahinwanderten, und erkundigte sich, was es da gebe. Sie berichteten ihm, Jesus, der Nazoräer, komme vorbei. Da schrie er und sagte: Jesus, Sohn Davids, erbarme dich meiner! Die Vorausgehenden herrschten ihn an, dass er still sei. Er aber schrie noch viel lauter: Sohn Davids, erbarme dich meiner! Da blieb Jesus stehen und befahl, ihn zu sich zu bringen. Als er nah herangekommen, fragte er ihn: Was willst du, dass ich dir tun soll? Er sprach: Herr, dass ich wieder erblicke. Und Jesus sprach zu ihm: Erblicke wieder! Dein Glaube hat dich gerettet. Und sofort konnte er wieder erblicken. Und er folgte ihm – Gott verherrlichend. Und all das Volk hatte es gesehen und gab Gott Lob« (Lk 18,35–43).

Wer keine Baustellen in seinem Leben hat, wie gewisse Leute, »die auf sich selbst vertrauen, dass sie ›Gerechte‹ seien, und die Übrigen für nichts achten« (Lk 18,9), denen stellt Jesus ausdrücklich Menschen als Vorbilder vor Augen, die offensichtlich Baustellen haben: Zöllner, Dirnen, Verbrecher, Verachtete: »Wahr ists, ich sage euch: Die Zöllner und die Huren kommen vor euch in das Königtum Gottes« (Mt 21,31).

Jesus preist nicht die Bevorzugten in dieser Welt glücklich, sondern diejenigen, die arm sind, die trauern, die hungern und dürsten, die verfolgt werden und die aus den Haltungen der Sanftmut, der Barmherzigkeit, der Lauterkeit und des Friedens leben (vgl. Mt 5,3–12). Die Option für die Armen ist nicht Zeitgeist, wie einige meinen. Sie ist Kern des Evangeliums. Die Lieblinge Gottes sind die Menschen in Baustellen.[46] Das muss auch im Alltag der Getauften sichtbar werden.

Nach der Feier einer Diakonenweihe ging ich zum Bahnhof und musste eine halbe Stunde auf den Bus warten. Dort ist man nie allein. Ein auf dem Boden sitzender Mann machte mit lauter Musik auf sich und seine Not aufmerksam. Ich fragte ihn, ob ich mich zu ihm hinsetzen dürfe. »Selbstverständlich!« Er schaltete die Musik aus und erzählte mir seine Lebensgeschichte. Nach einer längeren Zeit kam ein mir bekannter Kirchgänger vorbei, der ebenfalls bei der Diakonenweihe war und mich schon öfters predigen gehört hatte. Er machte mir das Angebot, mit ihm mitzufahren. Sein Auto hatte er auf dem Parkplatz beim Bahnhof. Gerne sagte ich zu. Mein Gespräch mit dem Junkie hatte ihn beeindruckt. Er meinte: »Jetzt verstehe ich, was du meinst, wenn du predigst. Ja, Kirche ist mehr als am Sonntag eine Stunde absitzen.« Die Begegnung mit den Menschen in ihren Baustellen gehören tatsächlich zu meinen tiefsten Gottes-erfahrungen – zugleich erschreckend und faszinierend, wie der große Religionswissenschaftler Rudolf Otto (1869–1937) sie beschreibt. Trotzdem: Wie oft muss ich am Abend beim Rückblick auf den Tag bekennen, dass ich einfach gedankenlos oder bewusst vorübergegangen bin. Oft sogar mit vernünftigen Gründen. Baustellen sind nicht nur faszinierend …

---

46 Vgl. Martin Werlen, *Raus aus dem Schneckenhaus. Nur wer draußen ist, kann drinnen sein*, Freiburg i. Br. 2020, 103–106.

Bei den Menschen sein

Papst Franziskus wird nicht müde, die Kirche daran zu erinnern, dass sie bei den Menschen sein muss. In ihrer jahrhundertelangen Machtposition konnte die Kirche erwarten, dass die Menschen zu ihr kommen. Diese Zeit ist – Gott sei Dank – jetzt vorbei. Trotzdem verraten Redewendungen diese Haltung immer noch, wenn zum Beispiel beklagt wird, dass die Menschen nicht mehr zur Kirche kommen oder wenn vom Gottesdienst-Besuch gesprochen wird. Vom Priester wird immer noch als dem »Zelebranten« gesprochen, also dem »Feiernden«. Offenbar sind noch nicht alle Feiernde. Als »Konzelebranten« – »Mitfeiernde« – werden die weiteren Priester bezeichnet, die mit am Altar stehen. Also sind – entgegen allen theologischen Einsichten – die anderen doch einfach Gottesdienst-Besuchende. Nein: Wir alle sind Zelebranten und Konzelebranten. Wir alle sind Geistliche, oder besser gesagt: Angehauchte. Ich bin mir bewusst: Da muss noch große Arbeit geleistet werden!

Mit dem Zweiten Vatikanischen Konzil (1962–1965) begann eine neue Bewegung: zu den Menschen gehen. Zumindest wird es heute oft so wahrgenommen. Aber auch das ist eigentlich noch immer eine Begegnung von oben herab. Unsere Berufung ist es, bei den Menschen zu sein. Das ist es, was Gott selbst gewagt hat. Darum lassen wir in unseren Kirchenräumen die Erhöhung des Chorraums verschwinden. In den Chorraum gehe ich nur, um die liturgischen Dienste am Ambo und am Altar wahrzunehmen, ansonsten sitze ich unter den anderen. Erstaunlich, was so kleine Zeichen in der Gottesdienstgemeinde bewirken – und in mir!

In seinem programmatischen Schreiben *Evangelii Gaudium* (2013) begründet Papst Franziskus die neu entdeckte Haltung:

»Um das Leben mit den Menschen zu teilen und uns ihnen großherzig zu widmen, müssen wir auch anerkennen, dass jeder Mensch unserer Hingabe würdig ist. Nicht wegen seiner körperlichen Gestalt, seiner Fähigkeiten, seiner Sprache, seines Denkens oder der Befriedigung, die wir erhalten, sondern weil er Werk Gottes, sein Geschöpf ist. Dieser hat ihn als Abbild erschaffen, und er spiegelt etwas von Gottes Herrlichkeit wider. Jeder Mensch ist ein Objekt der unendlichen zarten Liebe des Herrn, und er selbst wohnt in seinem Leben.«[47]

Die Sprache der Menschen kann ich nur sprechen, wenn ich das Leben mit ihnen teile – unabhängig von der Stellung, die ich habe. »Wenn man sich an die Sprache der anderen anpassen will, um sie mit dem Wort Gottes zu erreichen, muss man viel zuhören, das Leben der Leute teilen und ihm gerne Aufmerksamkeit widmen.«[48] Was das heißt, erfahren nur diejenigen, die das wagen.

In dem Roman *Der gläubige Kardinal* von Ulrich Harbecke (*1943) beginnt die Bekehrung eines Kirchenfürsten wesentlich mit dem Verzicht auf das, was die Mächtigen dieser Welt auszeichnet. Der Kardinal wagt sich ohne Chauffeur und mit den öffentlichen Verkehrsmitteln unter die Menschen und erlebt ihre Baustellen hautnah mit. Sein Leben verändert sich. Er wird tatsächlich zum großen Erstaunen der Leute zum Seelsorger.

Das war mein erster Eindruck von Papst Franziskus: ein Mensch, der vom einfachen Leben träumt und es auch wagt. Das zeigt sich nicht in großen Theorien, sondern im Alltag. Statt seiner Bischofsresidenz bewohnte Kardinal Jorge Mario Bergoglio als Erzbischof von Buenos Aires ein schlichtes

---

47 *Evangelii Gaudium*, Nr. 274.
48 *Evangelii Gaudium*, Nr. 158.

Appartement. Er ging selbst im Supermarkt einkaufen, machte Spaziergänge und fuhr viel mit dem Bus und mit der Metro. Bergoglios Vater war Eisenbahnangestellter – vielleicht rührt daher seine Vorliebe für den öffentlichen Nahverkehr. Als neu gewählter Papst blieb er sich treu: Er ließ die bereits vorgefahrene Mercedes-Limousine stehen und fuhr mit den Kardinälen gemeinsam im Bus zur Unterkunft im Gästehaus Santa Marta, wo er seither wohnt.

Allerdings folgen nicht viele Bischöfe seinem Beispiel. Sie brauchen – wie die Mächtigen dieser Welt – ein imposantes Auto und einen Chauffeur. Ich weiß aus Erfahrung, was sie damit verpassen: das Leben mit den Menschen, das Leben, das nicht nur das Leben derjenigen ist, die am Sonntag zur Kirche kommen oder sogar einen Termin beim Bischof erhalten. Es ist das Leben der Menschen von heute in ihrer großen Vielfalt.

Im November 2021 schrieb mir ein junger Mann, der bereits verschiedene Gefängnisse von innen kennt, aus einer Institution zum Drogenentzug über seine dortigen Erfahrungen. Ganz kurz erwähnte er neben dem Alltäglichen auch den Besuch des Bischofs, etwas verwundert: »Dann kam mit einer Verspätung Bischof XY, der kurz bis zur Kirche mit seiner luxuriösen Karosse mit Chauffeur begleitet wurde. ??? Dann ins Hofcafé und am Schluss erst hielten wir die Messe im Gästehaus in so einer Art Saal.« Wie anders hätte er wohl über den Besuch berichtet, wenn der Bischof von der nächsten Bushaltestelle gekommen wäre und am Eingangstor regennass um Einlass gebeten hätte? Er hätte bei der Begegnung dasselbe sagen können, aber er hätte etwas zu sagen gehabt, und es wäre bei den Menschen in ihrer Lebensnot angekommen. Das sind keine Kleinigkeiten. Nota bene: Der Bischof wurde von Papst Franziskus ernannt. Er ist also nicht einer der alten Generation.

Die wichtigste Entscheidung meines Lebens

Welches die wichtigste Weichenstellung meines Lebens ist? Wenn ich die Antwort darauf gebe, beginnen die meisten Menschen zu lachen. Aber ich bleibe dabei: Die wichtigste Entscheidung meines Lebens war, dass ich bewusst keinen Führerschein (das Wort stammt aus einer Zeit, in der nur Männer mit dem Auto herumgefahren sind …) gemacht habe. »Das ist nun aber doch zu hoch gegriffen«, werden einige meinen – vor allem solche, die einen Führerschein haben … Hätte ich diese Entscheidung nicht getroffen, wäre mein Leben ziemlich anders verlaufen – aber auch das Leben vieler anderer Menschen. So bin ich bei meinen zahlreichen Reisen mit dem öffentlichen Verkehr unterwegs oder per Autostopp. Dabei wird mir viel geschenkt, und es geht mir einiges auf.

Wer mit den öffentlichen Verkehrsmitteln unterwegs ist, muss sich immer wieder den Gegebenheiten anpassen. Da tanzt nicht alles nach meiner Pfeife. Es geht nur mit Rücksicht. Das ist noch ausgeprägter beim Autostoppen. Kommt überhaupt ein Auto? Nimmt mich jemand mit? Hier bin ich mit meiner Kreativität ständig herausgefordert. Manchmal ist eine kürzere Strecke besser als eine längere, damit ich nachher wieder weiterkomme.

Aus der Weichenstellung »Verzicht auf Führerschein« ist eine geistreiche Schule für das Leben entstanden, aus der ich hier kleinere und größere Episoden weitergeben will. Ich erzähle nicht von Theorien, sondern von Erfahrungen. Was der große deutsche Dichter Erich Kästner (1899–1974) in wenigen Worten schreibt, gilt auch für den Umgang mit den Herausforderungen unserer Zeit: Wir dürfen nicht bei großen Worten bleiben.

> *Es gibt nichts Gutes,*
> *außer: man tut es!*

Bereits als Kind war ich von Kästners Werken beeindruckt. Erst später entdeckte ich sein facettenreiches Leben. Erich Kästner war ein ausgesprochener Gegner des Nationalsozialismus. Seine Bücher wurden 1933 als »undeutsch« verbrannt. Im Jahre 1936 erschien seine Lyriksammlung im Schweizer Atrium-Verlag. Sie trägt den prägnanten Titel: *Doktor Kästners lyrische Hausapotheke.* Darin kommen in 22 Gedichten Züge, Bahnhöfe oder Autobusse vor. Eines seiner Gedichte heißt *Das Eisenbahngleichnis.* Die Fahrt mit der Eisenbahn wird zum Gleichnis fürs Leben. Kästner verdanke ich viel. Seine Werke sind tief, humorvoll und gesellschaftskritisch. Aus meinen eigenen Bahnerfahrungen entstand das Büchlein mit Bahngleichnissen.[49] Dieses wird hier weitergesponnen, nicht mehr in kurzen Sätzen mit höchstens 140 Zeichen, sondern in Geschichten, die das Leben schrieb.[50]

49 Martin Werlen, *Bahngleichnis*, Einsiedeln 2013.
50 Theologische Gedanken zur Eisenbahn von Daniel Bogner, Professor für Theologische Ethik: https://www.feinschwarz.net/dem-ereignis-gestalt-geben-eisenbahntheologie/.

Eine zügige Schule

Vor allem beim Unterwegssein mit den öffentlichen Verkehrsmitteln erfahre ich das Leben als Baustelle. Es ist nicht einfach alles so, wie ich es mir wünsche. Ob es heiß ist oder regnet, ich laufe zu Fuß zur nächsten Haltestelle und warte dort. Ich begegne auf dem Weg von zu Hause bis an mein Ziel Menschen, die mit ihren Problemen, Konflikten und ungelösten Fragen unterwegs sind. Wenn ich das wahrnehme, dann mache ich mir auch selber nicht vor, dass ich immer alles im Griff habe.[51] Das wäre eine große Illusion. Zu dieser Illusion können uns Macht und Reichtum leicht verführen.

Unsere Illusionen bestimmen uns mehr, als wir das je vermuten. Ich will das mit einem Beispiel veranschaulichen, das Bahnfans vertraut ist. Lange Zeit fuhr in Intercity-Zügen in der Schweiz eine Minibar mit und konnte die Fahrenden mit Getränken und Snacks bedienen. Die Minibar ist der erste Grund, warum ich in Doppelstockwagen stets in den oberen Stock ging – und das bis heute. Nur dort fuhr die Minibar durch. Ich freute mich jedes Mal auf den fahrenden Service. Jede Minibar glich der anderen wie ein Ei dem anderen. Und trotzdem fuhr der eine Minibarverkäufer mit Erfolg durch die Bahnwagen und der andere ohne Erfolg. Am Angebot konnte es nicht liegen. Denn das war bei allen genau dasselbe. An den Fahrgästen konnte es auch kaum liegen, denn die sind jeweils so bunt gemischt, dass alle Minibarverkäufer die gleichen Chancen hatten.

Hier lag tatsächlich sehr viel – wenn nicht sogar alles – beim Minibarverkäufer. Es gab solche, die von dem Angebot

---

51 Vgl. Martin Werlen, »*Wenn ich alles im Griff hätte, würde ich sofort aufhören!*«, In: Urs Leuthard/Tinu Niederhauser, *Strukturiert improvisiert. Frei reden. Sicher auftreten. Erfolgreich kommunizieren*, Basel 2023, 163–175.

überzeugt waren, das sie an die Frau bzw. an den Mann bringen wollten. Sie kamen in den Wagen, und bereits vom ersten Moment an standen sie überzeugt und gewinnend da. Sie wussten: »Das, was ich da zu bieten habe, kommt den Bedürfnissen derjenigen entgegen, die jetzt in diesem Wagen reisen.« Bei ihnen merkte man: Es stimmt, wenn sie sagen »mini Bar« (im Schweizer Dialekt: meine Bar). Das kaufte man ihnen ab. Sie waren nicht einfach Angestellte – sie identifizierten sich mit dem Unternehmen: »mini Bar«. Es gab aber auch Minibarverkäufer, die wahre Genies waren. Sie genierten sich bereits beim Betreten des Zugabteils. Und sie waren offensichtlich froh, wenn sie so bald wie möglich das Abteil heil und ohne angesprochen zu werden wieder verlassen hatten. Sie konnten noch so oft sagen: »mini Bar« – man glaubte es ihnen nicht. Durch ihr Verhalten zeigten sie, dass es höchstens die Bar von irgendjemand war, aber sicher nicht »sini Bar« (seine Bar). Wenn jemand tatsächlich etwas wollte, musste er oder sie den Minibarverkäufer zurückpfeifen. Und am Abend sagte sich der Verkäufer gewiss: »Ich hab's ja immer schon gesagt! Das, was ich da zu verkaufen habe, interessiert die Leute nicht.« »Self fulfilling prophecy« nennt man das in der Psychologie. Man setzt sich mit allen Kräften ein, damit man Recht bekommt und zugleich auch noch murren kann.

Gute Führung oder die Zeichen der Zeit

Noch wichtiger als ein zeitgemäßes Produkt ist es, dass wir überzeugt sind von dem, was wir tun. Ein guter Verkäufer bringt sogar unzeitgemäße Produkte an diejenigen, die auch unterwegs sind. Überzeugung ist nicht etwas, was man spielen kann. Überzeugungen kann man den anderen auf die Dauer nicht vormachen, man muss sie leben. Und trotzdem – oder gerade deswegen – ist es auch wichtig, dass die Produkte auf unserem Wägelchen zeitgemäß sind. Das heißt aber gerade nicht, dass es das ist, was alle sowieso schon haben. Zeitgemäß ist, was zurzeit fehlt. Wenn es kalt ist, ist ein warmer Tee zeitgemäß. Wenn es heiß ist, ist ein Eis zeitgemäß. Nach einer langen Trockenzeit ist der Regen zeitgemäß.

Die Wägelchen bei unseren verschiedenen Aufgaben können nur dann immer zeitgemäß beladen sein, wenn die Verantwortlichen die Zeitumstände vorausschauend wahrnehmen. »Er wisse auch, dass es für ihn wichtiger ist, vorzusehen als vorzustehen« (RB 64,8), schreibt der heilige Benedikt in seinem Leitbild für Mönche. Das zeichnet den guten Abt aus: mehr vorsehen als vorstehen. Eine gute Führungspersönlichkeit zeigt sich nicht zuletzt darin, dass sie Probleme erkennt, bevor es Problemfälle sind. Das ist nicht immer einfach, weil in diesem frühen Moment viele in der Belegschaft die anstehenden Schwierigkeiten noch nicht wahrnehmen können. Die Führungspersönlichkeit muss also immer wieder Entscheidungen treffen in einem Moment, in dem der Leidensdruck für die meisten Angestellten noch nicht spürbar ist. Und wenn sie warten würde, bis der Leidensdruck groß genug ist und so alle von der Notwendigkeit einer Änderung überzeugt sind, ist es oft bereits zu spät. Gerade darum ist das Vertrauen in die Führung so wichtig.

Neue Wege dürfen nicht erst gewagt werden, wenn die alten Wege sich als Sackgassen erwiesen haben. Dann ist es meistens nicht mehr möglich, zu neuen Ufern aufzubrechen. Das erfahren wir zurzeit nicht nur in der Kirche. Es gilt auch für manches Unternehmen. Wir können dieses Vertrauen in die Führung vergleichen mit dem Vertrauen, das wir einem Lokomotivführer entgegenbringen. Wenn er eine Vollbremsung einleitet, können wir davon ausgehen, dass dies berechtigt ist. Wir trauen ihm das zu, noch bevor wir als Fahrgäste gemerkt haben, dass auf dem gleichen Gleis ein Zug entgegenkommt. Und dafür nehmen wir sogar in Kauf, dass wir kräftig durchgeschüttelt werden und (früher) vielleicht sogar die Minibar ihr Angebot großzügig im Wagen verteilt – trotz des Genies, das den Wagen schiebt und am liebsten heil davonkommen möchte.

Wenn die Führung eines Betriebes ständig um das Vertrauen der Belegschaft kämpfen muss, gehen Zeit und Energie verloren, die für die Entwicklung von Perspektiven nötig sind. Das gegenseitige Vertrauen ist wichtig. Es muss klar sein, wer die Führung wahrnimmt. Und zwischen Führung und Umsetzung muss immer eine Spannung bleiben. Denn die Führung ist immer zukunftsorientiert; die Umsetzung ist immer orientiert am momentanen Prozess. Wenn die Führung nicht auch ein Auge für den momentanen Prozess hat und die Leute in der Umsetzung der Führung nicht einen zukunftsorientierten Blick zugestehen, wird es schwierig. Spannung und Vertrauen sind beide wichtig. Ohne Spannung geht der Betrieb ein – und ohne Vertrauen ebenfalls.

Verkehr verkehrt

»Man denkt in Autos. Und das ist falsch!« Dieser Satz geht mir in Vorarlberg immer wieder durch den Kopf. Ich verdanke ihn dem 2016 im Alter von 99 Jahren verstorbenen Schweizer Bankier Hans Vontobel. In einem Fernsehinterview sagte er kurz vor seinem Tod: »Die Werte, denen man heute nacheifert, sind ein möglichst gutes Jahresergebnis, ein möglichst hoher Bonus. Man denkt in Zahlen. Man denkt in Zahlen. Und das ist falsch. Was man machen sollte, das ist: Man sollte in Menschen denken. Und das ist verloren gegangen.«[52] Hans Vontobel spricht da tatsächlich eine große Herausforderung unserer Zeit an. Seine klaren Worte fallen mir auch in anderen Zusammenhängen ein, so bei meinen Überlegungen zum öffentlichen Verkehr. Vorarlberg hat im Talboden und in einigen Seitentälern hervorragende Verbindungen mit der Bahn und mit Bussen. Andere Gegenden sind aber sehr vernachlässigt. Dazu gehörte auch das Große Walsertal, wo ich daheim sein darf. Der Biosphärenpark Großes Walsertal umschreibt sein Ziel so: »Mensch, Natur, Umwelt und Wirtschaft sollen in diesen Modellregionen möglichst in Einklang gebracht werden.« Die Erschließung durch den öffentlichen Verkehr gehört meines Erachtens ganz wesentlich und zudem vorrangig dazu. In der Praxis und auch im Denken stand das lange in den Sternen geschrieben. In der Zwischenzeit hat sich das nicht zuletzt aufgrund des hartnäckigen Dranbleibens vieler zum Guten verändert – zumindest in der Praxis des Angebots.

Für den öffentlichen Verkehr plädiert auch Papst Franziskus in seinem prophetischen Schreiben *Laudato si'*: »Die Lebens-

---

52 https://www.srf.ch/news/wirtschaft/bankier-hans-vontobel-ist-tot.

qualität in den Städten hat viel mit den Verkehrsverhältnissen zu tun, die oft Grund für große Leiden der Bewohner sind. In den Städten fahren viele Autos umher mit nur einem oder zwei Insassen. Dadurch wird der Verkehrsfluss erschwert, der Grad der Verschmutzung ist hoch, es werden enorme Mengen von nicht erneuerbarer Energie verbraucht, und es wird notwendig, weitere Autobahnen und Parkplätze zu bauen, die das städtische Gefüge beeinträchtigen. Viele Fachleute stimmen darin überein, dass man den öffentlichen Verkehrsmitteln den Vorrang geben muss. Doch werden einige notwendige Maßnahmen nur schwerlich in friedfertiger Weise akzeptiert werden ohne eine wesentliche Verbesserung dieser Verkehrsmittel, die in vielen Städten aufgrund der Menschenmenge, der Unbequemlichkeit oder der geringen Häufigkeit des verfügbaren Nahverkehrs und der Unsicherheit eine unwürdige Behandlung der Passagiere darstellen.«[53]

Wenn junge Menschen heute ohne Zögern und Abwägen ganz selbstverständlich den Führerschein anpeilen, dann haben wir in Erziehung und Bildung versagt. Dasselbe fällt mir ein, wenn ich sehe, wie Scharen von Motorrädern zum Spaß durch die Gegend kurven – auch durch den Biosphärenpark.

Auch unser Denken ist herausgefordert. Ein entwickeltes Land ist nicht dasjenige, in dem selbst die ärmeren Bevölkerungsschichten ein Auto haben. Es ist dort, wo auch die reicheren Kreise den öffentlichen Verkehr benutzen. Diese leider immer noch überraschende Einsicht verdanken wir Gustavo Petro (*1960), dem kolumbianischen Präsidenten.

---

53 *Laudato si'*, Nr. 153.

Fürchterliche Baustelle: Heimatverlust

Wer bei den Menschen ist, nimmt deren Freuden, aber auch deren Sorgen wahr, lernt Faszinierendes und Erschreckendes kennen. Eine fürchterliche Baustelle im Leben von Menschen ist Heimatlosigkeit. Dieser Wirklichkeit bin ich vor allem deswegen begegnet, weil ich mit dem öffentlichen Verkehr unterwegs bin.

Auf dem Weg vom Bahnhof zum Kloster in Einsiedeln kam ein junger Mann aus Burkina Faso auf mich zu und fragte mich, ob ich nicht Père Martin sei. Er zog ein Buch von mir in französischer Übersetzung aus dem Rucksack. Aufgrund des Fotos auf dem Umschlag hatte er mich erkannt. Seit sieben Jahren lebte er ohne Papiere illegal in der Schweiz. Aufgrund dieser Begegnung wurde Raphael mit anderen Menschen bekannt, durfte Einladungen annehmen, lernte die Schweiz außerhalb seiner von Angst geprägten Existenz kennen, öffnete Jugendlichen unserer Schule Einblicke in sein Leben, und schließlich wurde sein Aufenthalt legalisiert. In der Folge fand er auch eine Arbeitsstelle im Kloster.

Carlos fiel mir im Bus auf, wie er versuchte, eine Werbung im Dialekt am Straßenrand zu lesen und zu übersetzen. Wer so etwas tut, hat großes Interesse an Sprachen. Carlos ist aus Venezuela und öffnete meine Augen und mein Herz für die Not der dortigen Menschen. Junge, begabte Leute verlassen das Land. Dank der Begegnung im Bus durfte ich ihn auf Ämter begleiten und dazu beitragen, dass er als gesuchte Fachkraft in einem anderen österreichischen Bundesland einen guten Arbeitsplatz finden konnte.

Aziz aus Syrien lernte ich am späten Abend im Zug kennen. Er war in Arbeitskleidung. Ich fragte ihn, ob er Feierabend habe. Nein, er – eigentlich Grundschullehrer – war auf dem Weg zur Nachtschicht in einem Metallwerk. In Freundschaft durfte ich ihn in der Folge unterstützen beim Vertiefen seiner Kenntnis der deutschen Sprache, bei der Suche nach einer Arbeit, die seinen Fähigkeiten entspricht, bei der Vorbereitung der Reise seiner Frau und seiner Kinder aus Syrien über Teheran nach Österreich und bei der schwierigen Suche nach einer Wohnung. Wie viel Leid und Not durfte ich hier ein klein wenig mittragen – auch im Weg zu den Ämtern und Beratungsstellen.

Hussein ging es nicht gut, als ich ihn im Zug kennenlernte. Er hatte starke Kopfschmerzen und war sehr traurig. Er begann mir von seiner Heimat in Syrien zu erzählen, von seiner Familie, die wohlhabend gewesen war und im Krieg alle Perspektiven verloren hatte. Wie freute es ihn, nicht als Fremder, sondern als Mitmensch wahrgenommen zu werden. Als wir in der Propstei eine Arbeitsstelle neu besetzen mussten, fiel er mir ein. Ich nahm mit ihm Kontakt auf, und eine Woche später hatte er bei uns seinen ersten Arbeitsplatz in der neuen Heimat.

Auf Gleis 2 eines Bahnhofs fragte mich ein Teenager mithilfe von Handzeichen, ob dies der Bahnhof sei, den er handgeschrieben auf einem Zettel hatte: Feldkirch. Ich konnte ihm das bestätigen. Er war sehr nervös. Ich versuchte ihm beizubringen, dass er vielleicht besser in der Bahnhofshalle warten würde. Das wollte er aber nicht. Hier werde er erwartet. Nach etwa zehn Minuten sprang er plötzlich auf und lief einem jungen Mann entgegen, der von Weitem kam, und fiel ihm um den Hals. Dann kamen beide zu mir, und der Ältere erzählte mir in gutem Deutsch, dass dies sein fünf Jahre jüngerer Bruder sei. Seit fünf Jahren, als er selbst aus Afghanistan geflohen sei, hätten sie sich nicht mehr gesehen. Ihre Eltern waren umgebracht worden. Mithilfe des Handys hatte der Bruder in Österreich seinen jüngeren Bruder über viele Länder hierher gelotst. Ob er legal gekommen sei, fragte mich jemand, als ich diese Geschichte erzählte. Ehrlich gesagt: Diese Frage hatte sich bei mir nicht einmal gemeldet. Wie herzergreifend war die Begegnung auf dem Bahnhof! Spontan fragte ich die beiden, ob sie schon etwas gegessen hatten. Das hatte der Neuankömmling nicht, der zudem auf dem Weg von einem Hund gebissen und noch nicht ärztlich versorgt worden war. Wie freuten sie sich an der Pizza, die man ohne Messer und Gabel essen konnte. Eingeladen von ihnen und von anderen guten Freunden aus Syrien konnte in der Zwischenzeit auch ich so essen lernen, wie sie es in ihrer Kultur kennen. Übrigens: So ganz fremd ist uns diese Essensweise nicht. In Fast-Food-Restaurants brauchen wir seit Jahrzehnten kein Besteck.

Wie gut es uns Menschen tut, nicht als Fremde wahrgenommen zu werden, denen man aus dem Weg geht, sondern als Mitmenschen, die unseren Lebensweg kreuzen! Dabei werde ich immer wieder reich beschenkt. Andere lassen mich in ihre Baustellen hineinblicken, und ich teile mit ihnen die meinen. In Zusammenarbeit mit Freunden aus Syrien entstanden die Einkehrtage »Bekannter Nachbar Syrien«. Tatsächlich ist uns Syrien viel näher, als wir meinen. Wollen wir für die christliche Kultur Sorge tragen, kommen wir um Syrien nicht herum. In jeder Eucharistiefeier kommt Syrien vor. Vor dem Empfang der Eucharistie beten wir mit den Worten eines syrischen Heiden, der Jesus um die Heilung seines kranken Dieners gebeten hatte: »Herr, ich bin nicht genug, dass du unter mein Dach kommst. Aber sprich nur ein Wort, und mein Bursche wird geheilt« (Mt 8,8). Sergius I. (650–701), ein Papst aus einer syrischen Emigrantenfamilie, hat dieses Wort in die Liturgie eingeführt. In Antiochia, der Hauptstadt der römischen Provinz Syria, war es, »dass erstmals ... die Jünger als ›Christianer‹ bezeichnet wurden« (Apg 11,26). Nahe bei Damaskus, der heutigen Hauptstadt Syriens, begegnete Paulus dem Auferstandenen (vgl. Agp 9). Damaskus ist eine der ältesten Städte der Welt. Kirchgängerinnen und Kirchgänger müssten sich eigentlich sehr interessieren für die Menschen aus Syrien und ihnen besonders dankbar sein. Sie haben uns viel zu sagen.

Das Bild der Baustelle hilft, einen interessierteren und liebevolleren Blick auf die Menschen zu werfen, die bei uns auf der Suche nach einer neuen Heimat sind.

Hochschule des Elends

Ausbildung ist wichtig. Auf die wichtigste Hochschule macht uns der große Maler Vincent van Gogh aufmerksam: »Wenn jemand auch nur eine kurze Zeit am unentgeltlichen Lehrgang der großen Hochschule des Elends teilgenommen hat und auf die Dinge geachtet hat, die er mit eigenen Augen sieht und mit eigenen Ohren hört, und wenn er darüber nachgedacht hat, so wird auch er schließlich glauben und er wird vielleicht mehr daraus lernen, als er sich selbst bewusst ist.«[54] Diese Hochschule kann man in jeder Stadt und in jedem Dorf besuchen, auch in jedem Bus und in jedem Zug. Erfolgreich ist diese Schule aber nur, wenn wir den Menschen in ihren Baustellen nicht von oben herab begegnen, sondern als Lernende.

Bei seinem Besuch des Flüchtlingslagers auf der Insel Lesbos am 5. Dezember 2021 sprach Papst Franziskus zu den dort lebenden Menschen: »Ich bin hier, um eure Gesichter zu sehen und euch in die Augen zu schauen. Es sind Augen voller Angst und Erwartung, Augen, die Gewalt und Armut gesehen haben, Augen gerötet von zu vielen Tränen. Der Ökumenische Patriarch und liebe Bruder Bartholomaios sagte vor fünf Jahren auf dieser Insel etwas, das mich sehr beeindruckte: ›Wer Angst vor euch hat, hat euch nicht in die Augen geschaut. Wer Angst vor euch hat, hat eure Gesichter nicht gesehen. Wer Angst vor euch hat, sieht eure Kinder nicht und vergisst, dass Würde und Freiheit über Angst und Trennung hinausgehen, vergisst, dass Migration nicht ein Problem des Mittleren Ostens und Nordafrikas, Europas und Griechenlands ist. Es ist ein Weltproblem‹

---

54   Vincent van Gogh, *Sämtliche Briefe*, Bd. 1, Bornheim-Merten 1985, 207.

(Ansprache des Patriarchen Bartholomaios im Flüchtlingslager Moria, Lesbos, 16. April 2016).«[55]

In dieser Hochschule lernt man in dem Maße, in dem man mit größtem Respekt auf die anderen Menschen zugeht, unabhängig von deren Kultur, Hautfarbe, Religion, Sprache, Alter, Lebensform oder Geschlecht. Jeder Mensch ist ein Geschenk Gottes. Jeder! In seinem Werk ist der Meister gegenwärtig, auch wenn wir manchmal lange nach ihm suchen müssen. Jeder Mensch ist sozusagen ein brennender Dornbusch, aus dem uns Gott seinen Namen offenbart: Ich bin da! (vgl. Ex 3,1–15). Jeder Mensch ist heiliger Boden. Bereits vor unserer Ankunft ist Gott bei ihm. Dieses Wissen macht demütig und respektvoll, aber auch neugierig.

---

55 https://www.vatican.va/content/francesco/de/speeches/2021/december/documents/20211205-grecia-rifugiati.html.

Miteinander unterwegs

Das sind nur wenige Beispiele für das, was wir erleben können, wenn wir mit dem öffentlichen Verkehr unterwegs sind. Sie sollten Ermutigung genug sein, das Auto in der Garage zu lassen. Doch dem ist leider nicht so. Wenn ich mich erkundige, wie ich einen bestimmten Ort in Vorarlberg erreiche, so schickt mich die Antwort immer wie selbstverständlich über die Straßen und nie mit dem öffentlichen Verkehr. Letzteres habe ich tatsächlich noch nie erlebt. Man denkt in Autos. Dies war mir aus der Schweiz so nicht bekannt. In meiner Zeit als Mitglied der Schweizer Bischofskonferenz hatte ich an unzähligen Sitzungen an unterschiedlichen Orten teilzunehmen oder sie zu leiten. Beim Festlegen des Beginns und des Schlusses nahmen wir selbstverständlich immer auf die Ankunfts- und Abfahrtszeiten der Züge aus den verschiedenen Richtungen Rücksicht. Und die Mitglieder der Kommissionen reisten fast ausnahmslos mit dem öffentlichen Verkehr an. In der Schweiz ist es selbstverständlich, dass auch Bundesräte und ParlamentarierInnen, Bischöfe und Banker mit öffentlichen Verkehrsmitteln unterwegs sind. Dasselbe gilt für Medienkonferenzen. Das habe ich im Juni 2021 auch im österreichischen St. Gerold gewagt. Wir luden die Medien zu einer Information über die anstehende Sanierung in die Propstei ein, bevor die Baustelle ihren dominanten Platz einnahm. In der Einladung hieß es: »Die Zeit ist so angesetzt, dass man den besonderen Ort per Öffis erreichen kann (Feldkirch ab 10.01 Uhr; St. Gerold Gemeindeamt an 10.54 Uhr).« Alle kamen mit dem Auto, außer einem Journalisten aus der Schweiz, der vor allem die letzte Wegstrecke von Feldkirch bis St. Gerold mit der Bahn und zwei Bussen nicht leicht schaffte. Ein Vorarlberger Journalist würdigte die Einladung positiv: Das habe er bisher in Vorarlberg noch nie in einer Medieneinladung gelesen. Ich hoffe, das wird über die Landesgrenzen hinaus Schule machen …

»Wer im Auto unterwegs ist, bleibt in seinen eigenen vier Wänden; wer im Zug reist, begegnet der ganzen Welt.«[56] Bereits diese Einsicht sollte uns dazu motivieren, wenn immer möglich das Auto zu Hause zu lassen. Der öffentliche Verkehr ist eine Schule der Solidarität, der Kommunikation und der Geduld. Solche Lektionen kommen der Gesellschaft Tag für Tag zugute. Wir lernen Geduld mit den Transportunternehmen und mit Mitreisenden. Wir solidarisieren uns mit Menschen, die wir nicht einmal kennen. Wir warten, damit sie aus- oder einsteigen können, obwohl es unsere Reisepläne nicht betrifft beziehungsweise sie verzögert. So lernen wir das Wichtigste in der Kommunikation: auch für die anderen denken und von den anderen her denken. Manchmal – das ist allerdings tatsächlich nicht sehr oft der Fall – muss man kurze Strecken stehen. Dabei darf ich sehen, dass Jugendliche, Mädchen wie Jungen, älteren Personen ihren Sitzplatz anbieten. Wo sie das gelernt haben? Kaum von ihren Eltern, die den öffentlichen Verkehr nicht kennen. Aber ihre Lehrerin ist vorbildlich täglich mit dem öffentlichen Verkehr im Großen Walsertal unterwegs. Es kann gelegentlich vorkommen, dass man im Railjet stehen muss, wenn man keinen Platz reserviert hat. Aber lieber eine Stunde im Zug stehen und mit 200 km/h unterwegs sein als in einem Auto sitzen, das eine Stunde im Stau steht. Übrigens: Auf den Bahngleisen steht uns nie ein Güterzug im Weg. Dieser benutzt die Gleise, wenn sie nicht von den fahrplanmäßigen Zügen besetzt sind. Wie anders ist es doch auf

---

56 Martin Werlen, *Im Zug trifft man die Welt. Wenn ein Mönch Bahngleichnisse twittert*, Freiburg i. Br. 2016, 13.

der Straße! Weil ich jeweils den Weg zur nächsten Haltestelle zu Fuß zurücklege, habe ich jede Woche viele Fitnessübungen auf dem Programm. Je mehr Menschen hier mitmachen, umso mehr schlägt sich das auch in den Gesundheitskosten entlastend nieder. Wir wissen es ja zur Genüge: Wer im Auto unterwegs ist, steigt möglichst am eigenen Haus ein und steigt so nahe wie möglich am Ziel aus.

Beim Bahnfahren kann ich lesen, schreiben, Musik hören, einen Film anschauen oder sogar schlafen. Die meisten Gedanken meiner Bücher verdanke ich dem Unterwegssein mit dem öffentlichen Verkehr. Viele Begegnungen werden mir auf diesem Weg geschenkt, und ich darf von Erfahrungen anderer Menschen lernen, die ich sonst nie mitbekommen würde. Mit anderen Worten: Wer mit dem öffentlichen Verkehr unterwegs ist, besucht das Hauptfach in der Bildung: miteinander unterwegs sein. Das ist mehr als Gold wert.

Ein gewagter Blick in die Zukunft

Wir stehen vor vielen Herausforderungen. Dazu gehören die katastrophalen Folgen des Klimawandels. Der österreichische Bundeskanzler Karl Nehammer (*1972) meinte dazu: »Mit Innovation und Fortschritt können wir den Herausforderungen des Klimawandels begegnen. Unser Standort bietet dafür enormes Know-how und Wissen. Das wird kommende Woche Schwerpunkt beim Auto-Gipfel zur Zukunft der Mobilität und dem grünen Verbrenner sein.« Was der Auto-Gipfel bei mir ausgelöst hat? Das war tatsächlich der Gipfel! Selbstverständlich gehören Innovation und Fortschritt dazu. Aber ist das nicht zu eng gedacht? Sollten wir nicht auch eine Einfachheit entdecken, die uns selber, anderen und der ganzen Schöpfung guttut? Es geht nicht nur darum, den steigenden Energiebedarf durch andere Energieträger zu ersetzen, es geht auch darum, weniger Energie zu verbrauchen. Wenn eine Person allein unterwegs ist und dafür Energie braucht, um ein Gewicht von durchschnittlich 1,4 Tonnen durch die Gegend zu schieben, müsste das doch zum Nachdenken anregen. In der Schweiz verursacht der Autoverkehr jährlich 3 Milliarden Gesundheitskosten durch Feinstaub-Erkrankungen.[57] Das wird kaum thematisiert – obwohl es durchaus zum Auto-Gipfel gehören würde.

Selbstverständlich gibt es Menschen, die auf ein Auto angewiesen sind, aber die meisten Fahrten könnten wir uns ersparen, wenn der öffentliche Verkehr dementsprechend ausgestaltet wäre. Bis dahin werde ich auf Menschen angewiesen

---

57 https://www.srf.ch/play/tv/-/video/-?urn=urn:srf:video:3b259eb9-054c-4e56-9b92-4787bb9c0209.

sein, die mich beim Autostoppen mitnehmen (dazu später mehr). Für die große Bereitschaft bin ich sehr dankbar. Was mich dabei tröstet: Es fährt kein zusätzliches Auto meinetwegen umher. Zudem sind dann meistens wenigstens zwei Personen miteinander unterwegs und tauschen sich über Baustellen aus. Eine Nachricht aus der Schweiz freut mich: Ein Fahrlehrer klagt, die Jungen würden heutzutage vermehrt den öffentlichen Verkehr nutzen und auf ein Auto verzichten. Ein Zeichen der Hoffnung!

Wie können wir dazu beitragen, dass wir vermehrt bewusst Sorge tragen für unser gemeinsames Haus? Ich habe es mir selber jedenfalls zum Ziel gesetzt, nur Menschen in politische Ämter zu wählen, die mit dem öffentlichen Verkehr unterwegs sind – und das nicht nur unmittelbar vor den anstehenden Wahlen. Flächendeckende Investitionen in den öffentlichen Verkehr würden allen Menschen zugutekommen und außerdem die Umwelt schützen, viele Ausgaben zum Ausbau der Straßen und die damit verbundenen Streitigkeiten erübrigen und es schließlich ermöglichen, manchen Parkplatz und manche Straße in Grünfläche zurückzuverwandeln. Dafür gäbe es mehr Wege fürs Fahrrad, zum Spazierengehen und zum Wandern.

Apropos Verspätungen im öffentlichen Verkehr: Auf der Bahnfahrt von Zürich nach Rom und zurück habe ich intensiv an diesem Buchprojekt gearbeitet. Zweimal hatte ich in der Schweiz vier Minuten Umsteigezeit. Meine Spartickets waren zuggebunden. In der Schweiz muss ich mir keine Sorgen machen, dass es nicht klappen könnte. Das weiß ich zu schätzen. In diesem Vertrauen plane ich auch meine Reisen in Österreich. In Deutschland ist die Bundesbahn »großzügiger«: Dort kann man nicht selten zum vereinbarten Preis ungeplant länger mit der Bahn unterwegs sein.

Pünktlichkeit, wir haben es oben schon gesagt, ist auch bei Baustellen wichtig. Wenn es zu Verspätungen kommt, müssen diese begründet und kommuniziert werden. Nicht zuletzt darum ist eine gute Bauleitung wichtig. Das Fehlen einer offenen Kommunikation ist verheerend. Verspätungen und schlechte Kommunikation zeichnen leider auch die Kirche aus. Bei der Synode 72 in der Schweiz und bei der Würzburger Synode in Deutschland wurde zur Umsetzung des Zweiten Vatikanischen Konzils hervorragende Arbeit mit konkreten Resultaten geleistet. Die wertvollen, höchst aktuellen Dokumente wurden in der Folge von der Kirchenleitung in Schubladen verstaut und totgeschwiegen. Viele, die damals mit Engagement mitgearbeitet haben, steigen heute nicht noch einmal ein, selbst wenn die Einladung diesmal von höchster Stelle kommt. Das ist verständlich. Die Schwächung der synodalen Dimension der Kirche hat die Kirchenleitung selbst zu verantworten, vor allem in der Folge des Zweiten Vatikanischen Konzils. Es bleibt trotzdem zu hoffen, dass immer mehr Menschen bereitwillig auf die Baustelle gehen und mit anpacken.

Heilige — vom Sockel geholt

Am 30. November 2021 durfte ich in der Uni St. Gallen, der Kaderschule von Wirtschaftsleuten aus aller Welt, bei der Eröffnung einer Ausstellung dabei sein: *Wer in diesem Land die Arbeit macht: Heilige im Alltag.* Es war das Werk des Illustrators Daniel Lienhard. Und ich durfte sogar von Anfang an dabei sein. Hätte ich den Führerschein gemacht, wäre die Ausstellung eines Reformierten über moderne Heilige an der Wirtschafts-Uni nicht zustande gekommen. Wie ist das möglich?

Ende August 2020 erhielt ich folgenden Brief:

> *Lieber P. Martin,*
>
> *gestern, am Donnerstag, 27. August 2020, waren wir unterwegs nach Ludesch zu unseren Enkeln. Kurz vor dem Ziel stand ein Herr am Straßenrand und machte Autostopp. Obwohl wir uns nicht persönlich kennen, glaubten wir, dass Sie es waren, der um eine Mitfahrgelegenheit bat. Einen Moment lang dachten wir umzukehren. Nicht um Sie mitzunehmen (wir waren ja nicht in Richtung St. Gerold unterwegs), sondern um Sie in Vorarlberg willkommen zu heißen. Wir haben es dann leider bleiben lassen und holen es jetzt per Brief nach.*
>
> *…*
>
> *Als Willkommensgruß legen wir Ihnen zwei Karten-Serien bei*
> - *eine von der Bosna-Quilt-Werkstatt meiner Frau*
> - *und eine aus meiner Illustratorenwerkstatt.*

Und das nächste Mal, wenn wir Sie am Straßenrand tref-
fen, halten wir an. Oder wir sehen uns in St. Gerold.
Mit herzlichen Grüßen aus Bregenz
Lucia und Daniel Lienhard-Giesinger

Die Arbeit aus der Illustratorenwerkstatt hat mich besonders berührt. So schrieb ich dem mir unbekannten Künstler:

Lieber Herr Lienhard,
unten finden Sie Kapitel 39 aus meinem neuen Buch
»Raus aus dem Schneckenhaus«, das am 12. Oktober ver-
öffentlicht wird. Sie können sich nun etwa vorstellen, wie
ich ob Ihren Kunstwerken gestaunt habe. Sofort war der
Gedanke da: Wir müssten zusammenarbeiten. ...

Auf diesem Weg zusammen mit den Menschen unserer Zeit entdecken wir auch die Heiligen neu. Da merken wir plötz-lich, dass etwas nicht stimmt, wenn wir sie auf Podeste stel-len. Sie selbst wollten gewiss gerade das nicht – es sei denn, sie wären eingefleischte Pharisäer gewesen. Die Pharisäer und die Herren dieser Welt stellen sich selbst gerne auf ein Podest oder lassen andere auf ein Podest stellen, damit sie ihnen nicht gefährlich werden. Dieses Tun kennt Jesus: »Weh euch, ihr Schriftgelehrten und Pharisäer, ihr Blender! Ihr baut die Grab-stätten der Propheten, ihr schmückt die Gräber der Gerechten und sagt: Wären wir in den Tagen unserer Väter, wir wären nicht ihre Teilhaber am Blut der Propheten. Somit bezeugt ihr euch selber, dass ihr die Söhne der Prophetenmörder seid« (Mt 23,29–31). Das Wehe an die Pharisäer, weil sie die Ehrenplätze einnehmen wollen, ist bekannt (vgl. Mt 23,5–7). Wenn wir die Heiligen auf Podeste stellen, entsorgen wir sie gewissermaßen. Dort oben haben sie nicht mehr viel mit uns zu tun. Wir halten sie ungefährlich auf Distanz. Das ist Physical and Social Distancing. Vielleicht schauen wir noch zu ihnen hinauf, aber vom Sockel reißen sie auch uns nicht mehr. Wir sollten sie alle von den Podesten herunterholen, auf die wir sie gestellt haben. So handelt auch Gott. Alfred Delp hat das schmerzhaft erfahren: »Der Herrgott holt uns von allen Postamenten herunter, wenigstens mir ging und geht es so. Was ich sonst so elegant und selbstsicher unternahm, um auszukommen, ist zerbrochen.« Das belebt die Heiligenverehrung. Dann begegnen wir übrigens auch vielen Pharisäern, mit denen sie zu kämpfen hatten. So schreibt zum Beispiel die heilige Teresa von Ávila nach der Gründung der Gemeinschaft von San José: »Schon nach zwei oder drei Tagen versammelten sich einige der Ratsherren, der Chorherren und des Amtsgerichts. Und alle miteinander erklärten, auf keine Weise sei das Geschehene zu dulden, es wäre offenkundig zum Schaden des Staates, das heiligste Sakrament müsse wieder entfernt werden, und mitnichten würden sie zulassen, dass solches weitergehe.« Alle Heiligen dürfen wir – zumindest an ihrem Festtag – herunternehmen. Eine Ausnahme gibt es allerdings. Einen Heiligen müssen wir oben lassen – und den feiern wir leider nicht einmal, obwohl er von Jesus selbst heiliggesprochen wurde. Es ist der Verbrecher am Kreuz, der das Wort Jesu hört: »Noch heute wirst du mit mir im Paradiese sein« (Lk 23,43). Sein Sockel ist das Kreuz.

Wenn wir die Heiligen von den Sockeln herunternehmen, hören wir plötzlich ihre Botschaften neu, selbst Aspekte, die seit Jahrhunderten überhört wurden. Plötzlich geht uns auf: Da stehen nicht irgendwelche Gesetze und Leistungen im Mittelpunkt, sondern die Liebe – Gottes Liebe. Ist es nicht gerade das, was uns bei guten Heiligenbiografien berührt? Sie bringen uns einen Menschen und sein Geheimnis näher. Sie entrücken ihn nicht zum Supermenschen.

Was ist ein Heiliger?

Ein Heimkehrer,
ein Wiedergefundener,
ein Aufgenommener,
ein Angekommener,
ein Geliebter, Erwählter und Jünger
und Sohn und Tochter
des Herrn.
Eine neue Schöpfung.
Kind Gottes.
Werk Gottes,
ein Mensch, Sünder, Umkehrer, wie wir.
Einer, der glaubte bis in den Tod.
So einer macht sich nicht selber.
Nicht durch Askese und nicht durch
Selbstfindung oder Engagement im Sozialen.
Nicht durch Philosophie, nicht
durch Philanthropie.
So einer ist ein Geschenk, eine
Frucht des Erlösungswerkes
Jesu Christi
durch den Geist an die Welt.[58]

So habe ich keine Mühe, bei Lebenden und Verstorbenen um Hilfe zu rufen, auch bei Menschen, die auf keiner Heiligenliste stehen oder je stehen werden. Ein junger Mann, drogenabhängig und obdachlos bis zur Zeit im Gefängnis und danach, wurde für mich zu einem der wichtigsten Christuszeugen. In

---

58 Silja Walter, Gesamtausgabe Bd. 10: *Spiritualität II*, Freiburg (Schweiz) 2005, 183.

ihm, dem Menschen in größter Not, darf ich Christus begegnen (vgl. Mt 25,31–46). Da begegnet mir keine Armut und kein Elend, die ich romantisieren kann und wo ich mich als Retter fühlen darf. In großer Ohnmacht bin ich mit ihm unterwegs auf der Suche nach dem Gott, der sich mit den Allerletzten identifiziert. In diesem jungen Menschen fordert mich Christus ganz gehörig heraus – mehr als alle, die auf Sockeln stehen. Er kennt Aspekte des Lebens, die anderen fremd sind. Das ist allerdings nicht das Verständnis der Pharisäer. Diese sind von der eigenen Gerechtigkeit überzeugt und schauen voller Verachtung auf die anderen. Sie sind die Besseren. So sieht es zumindest Jesus: »Einigen, die von ihrer eigenen Gerechtigkeit überzeugt waren und die anderen verachteten, erzählte Jesus dieses Gleichnis: Zwei Männer gingen zum Tempel hinauf, um zu beten; der eine war ein Pharisäer, der andere ein Zöllner. Der Pharisäer stellte sich hin und sprach bei sich dieses Gebet: Gott, ich danke dir, dass ich nicht wie die anderen Menschen bin, die Räuber, Betrüger, Ehebrecher oder auch wie dieser Zöllner dort. Ich faste zweimal in der Woche und gebe den zehnten Teil meines ganzen Einkommens. Der Zöllner aber blieb ganz hinten stehen und wollte nicht einmal seine Augen zum Himmel erheben, sondern schlug sich an die Brust und betete: Gott, sei mir Sünder gnädig! Ich sage euch: Dieser ging gerechtfertigt nach Hause hinab, der andere nicht. Denn wer sich selbst erhöht, wird erniedrigt, wer sich aber selbst erniedrigt, wird erhöht werden« (Lk 18,9–14). Sich selbst in den Mittelpunkt stellen und den anderen Menschen verachten: Das ist typisch für den Pharisäer. Es ist sehr wohl möglich, dass uns das nicht ganz fremd ist …

Lieber P. Martin
Ja, da gibt es wirklich erstaunliche Parallelen zwischen dem, was Sie geschrieben haben, und dem, was ich mon-

tiert habe! Danke für den Textauszug, den Sie mir über-
lassen haben. Ich setzte den Focus ja etwas anders, als ich
die Bildreihe machte: Ich wollte all die arbeitenden Leute,
die ihren Dienst ohne die nötige Anerkennung und Wert-
schätzung leisten, zu Heiligen machen. Die Serie entstand
noch vor Corona, also vor der Zeit, als man plötzlich von
Systemrelevanz sprach. Aber am Ende geht es natürlich
genau um das, worüber Sie schreiben.
…

Herzliche Grüße aus Bregenz hinauf nach St. Gerold
Daniel Lienhard

Seither habe ich mit verschiedenen Gruppen, die ich in der Propstei St. Gerold begleiten darf, mit diesen Illustrationen gearbeitet. So auch mit dem Pfarreirat Peter und Paul Rotmonten in der Diözese St. Gallen am 19./20. August 2021. Das Anliegen von Daniel Lienhard und mir kam an. Dass im Pfarreirat auch ein Professor der Uni St. Gallen engagiert ist, ließ den Gedanken überspringen bis dorthin …

In der Zwischenzeit sind die Heiligen von nebenan auch in einer Monats-Zeitschrift angekommen, die ich seit einigen Jahren herausgeben darf: »*Gemeinsam Glauben. Mit dem Papst*«. Dort schreibe ich in der Oktobernummer 2021:

»Wir sind es gewohnt, Heilige auf einen Sockel zu stellen.
In dieser Rubrik wollen wir sie herunternehmen und mit
ihnen auf dem Weg sein. Wir werden sehen: Sie erhalten
eine ganz neue Kraft und Energie. Dabei werden wir auch
›die Heiligen von nebenan‹ entdecken, wie Papst Franzis-
kus sie nennt: ›Es gefällt mir, die Heiligkeit im geduldigen
Volk Gottes zu sehen: in den Eltern, die ihre Kinder mit
so viel Liebe erziehen, in den Männern und Frauen, die

arbeiten, um das tägliche Brot nach Hause zu bringen, in den Kranken, in den älteren Ordensfrauen, die weiter lächeln. … Oft ist das die Heiligkeit von nebenan, derer, die in unserer Nähe wohnen und die wie ein Widerschein der Gegenwart Gottes sind.‹

Da ich immer wieder per Anhalter unterwegs bin, darf ich viele Heilige von nebenan auf diese Weise kennenlernen, so auch den Illustrator Daniel Lienhard. Er hat mir dankenswerterweise erlaubt, seine überraschenden Einsichten per Foto und Text hier weiterzugeben.«

Bei der Eröffnung der Ausstellung durfte ich an den Künstler diesen herzlichen Dank richten:

»Lieber Daniel, ich hatte schon öfters Vorträge und Begegnungen hier in der Uni St. Gallen. Was du aber mit deinen Worten vorhin und mit deinen Fotomontagen und Texten dazu hierher bringst, das lässt manches Engagement der Kirche im Schatten zurück. Deine Bilder wären in Kirchengebäuden am falschen Platz. So wie wir die Heiligen von den Sockeln nehmen müssen, so dürfen wir heute neu lernen, dass die Aufgabe der Kirche nicht ist, die Menschen in die Kirchengebäude zu bringen, sondern zu den Menschen zu gehen – besonders zu jenen, die am Rande sind. An der Uni St. Gallen kann man das jetzt eindrücklich lernen. Danke!«

Die Madonna in der Müllhalde

Das Bild der Baustelle hilft auch die Heiligen neu zu entdecken. In seinem Entwurf *Alptraum eines Atheisten* schreibt Fridolin Stier: »Ich war in einer Kirche, stand vor einem Haufen zertrümmerter Gottes- und Heiligenbilder, die ich zerschlagen hatte, nichts als lauter Gerümpel und Kehricht, und überlegte, in welche Deponie dieses die geistige Umwelt verschmutzende Zeug abgeführt werden könnte. Da klopfte mir jemand von hinten auf die Schulter und flüsterte: ›Brav, brav! Du hast deine Sache gut gemacht. Ich liebe solche tüchtigen Leute, die geheime Aufträge erfüllen und nicht einmal fragen, wer sie ihnen erteilt hat.‹ Wie gesagt, er sprach von hinten, ich sah ihn nicht, ich fühlte ihn nur, aber seine Hand lag schwer auf mir, und ich hatte nicht die Kraft, mich nach ihm umzuwenden. ›Wer sind Sie?‹, schrie ich in die Kirche hinein, dass es von den Wänden und Gewölben widerhallte. ›Wer ich bin‹, sagte er, ›wer *ich* bin, willst du wissen – weißt du denn, wer du bist, Freund Atheos?‹ Und da hatte ich auf einmal, ich weiß nicht wie, einen Kehrbesen in der Hand. ›Da, feg!‹, befahl er mir, ›du bist mein Kirchenkehrer. Und ich –

Was du Gott nennst,
bin ich nicht,
ich bin der,
den du nicht kennst.

Und nun – an die Arbeit! Feg das Zeug weg!‹

Ich stand so sehr unter seinem Bann, dass ich mich nicht zu wehren vermochte, ich gehorchte und holte mit dem Besen aus. Aber da war nichts mehr zu fegen, das Zeug war weg. Die Kirchenwände waren verschwunden, der Himmel wölbte sich weit und blau über mir, Bäume, groß und grün um mich herum, leise im Wind sich wiegend, Blüten und Düfte, und Vögel sangen, die ich noch nie gehört hatte … Und da erwachte ich, der Spuk war verflogen.«[59]

In der Propstei St. Gerold gehören wir zu den Kirchenkehrern. Hier nehmen wir die Heiligen von den Sockeln. Sie verschwinden nicht. Im Gegenteil: Sie kommen erst richtig zur Geltung. Da merken wir: Heilige sind nicht Menschen, die wie wir alle möglichen und unmöglichen Versuchungen hatten, aber diesen scheinbar nie erlegen sind. Heilige sind Lieblinge Gottes. Und Lieblinge Gottes sind Menschen, die – oft nach langen Umwegen – zu ihren Baustellen stehen. Diese Heilsgeschichten lehrt uns ungeschminkt auch das Wort Gottes.

Ein Beispiel dafür ist die kurze Lehrgeschichte über den Propheten Jona. Da ist überall der Wurm drin, von Anfang an. Jona ist der Gesandte Gottes. Er wird als der größte Versager unter allen Personen und den Tieren dargestellt. Ihm fehlt das Gottvertrauen. Das wird nicht ausgeblendet, sondern den Lesenden drastisch vor Augen geführt. Und genau diesen Jona stellt Jesus als Vorbild dar.[60]

Alle arbeiten an Baustellen – gestern, heute und morgen. So betrachtet, werden Heilige zu Mitarbeitenden und Vorbildern. Das gilt auch für Maria, die Mutter Jesu. Darum haben wir einmal als Umschlagfoto des Seminar- und Kulturprogramms eine Aufnahme verwendet, die das Gnadenbild mit einem Besen in der Hand in einem Raum aus dem 11. Jahrhundert zeigt, der gerade saniert wurde. Überrascht waren die meisten, »geschmacklos« dachten wenige. Maria mit einem Besen! Und dazu noch die Kopie des Gnadenbildes von Einsiedeln!

---

59 Fridolin Stier, *An der Wurzel der Berge. Aufzeichnungen II*, Freiburg i. Br. 1984, 93–94.
60 Ein ungewöhnlicher Blick auf den Propheten Jona in: Martin Werlen, *Zu spät. Provokation für die Kirche. Hoffnung für alle*, Freiburg i. Br. 2018.

Ansonsten ist sie hoch erhöht, in Einsiedeln sogar noch von goldenen Wolken umgeben. Ist diese oder jene die Maria, die wir aus der Heiligen Schrift kennen? Wird sie jetzt etwa noch als Putzfrau dargestellt – das Klischee der Hausfrau pflegend?

Maria ist nicht die entrückte Frau, sondern ein Mensch, der mit uns auf dem Boden der Realität steht und zutiefst mit Gott verbunden ist. Gebet und Leben, Mystik und Politik sind in ihr zutiefst verbunden. Davon zeugt auch das Magnificat, der Lobpreis Marias (Lk 1,46–55). Das sind nicht einfach fromme Worte im stillen Kämmerlein. Nein, da fegt es ganz gehörig. Silja Walter (1919–2011)[61] braucht sogar dieses Wort in ihrer Magnificat-Verdichtung[62]:

Die Stolzen fegst du weg vom Thron.
Den Armen schenkst du Lieb und Lohn.

Da passt ja Maria ausgestattet mit einem Besen bestens. Sie will Ordnung machen in all den Machtstrukturen dieser Welt und der Kirche. Sie macht uns klar: Unser Glaube ist nicht nur Kopfsache, er hat auch Hand und Fuß.

Die Gnadenkapelle gehört zu den ältesten Bauteilen auf dem Areal der Propstei. Wer die Tür öffnet, tritt ins 11. Jahrhundert – lebendig geblieben bis heute (der Holzboden kam 2022 in die Kapelle, um die Erhöhung des Chorraums zum Verschwinden zu bringen und den Raum rollstuhlzugänglich zu machen). Auf dem Foto steht das Gnadenbild auch in einem Raum aus dem 11. Jahrhundert und gleich weit entfernt von der Kapellentüre wie an ihrem üblichen Platz. Dieser Raum

---

61 Eine kurze Hinführung zu Person und Werk der dichtenden Nonne: Martin Werlen, *Silja Walter in 30 Tagen. Für Anfänger und Fortgeschrittene*, Freiburg i. Br. 2020.

62 Silja Walter, *Gesamtausgabe Bd. 8: Lyrik*, Freiburg (Schweiz) 2003, 126.

trägt den Namen »Cura«, in deutscher Sprache »Sorge«. Hier ist der besondere Ort für persönliche Aussprachen und Seelsorgegespräche. Hier sollen Menschen erfahren:

Die Stolzen fegst du weg vom Thron.
Den Armen schenkst du Lieb und Lohn.

So wird auch hier ein Gnadenort. Gnade ist dort erfahrbar, wo Gott ist. Gottes Gegenwart ist die Quelle aller Gnade. Dasselbe gilt für die Seminarräume, sei es beim Theaterspielen oder Musizieren, beim Meditieren oder bei der Begegnung mit den Pferden.

Die Skulptur der Pietà aus dem 17. Jahrhundert in der Propstei St. Gerold könnte – wie wir das gewohnt sind – hoch auf einem Sockel stehen. Da würde man sie vielleicht bestaunen oder einfach übersehen – bestaunen wegen ihres Alters, übersehen, weil es an Figuren auf Sockeln in kirchlichen Gebäuden nicht mangelt. Wir könnten sie aus Angst auch in einen Tresor sperren. Aber wenn sie in einer unserer großen Müllmulden auf der Baustelle steht? Dann sind wir vielleicht schockiert. Wir realisieren plötzlich überraschend, was da dargestellt ist. Maria trägt ihren als Verbrecher hingerichteten Sohn auf dem Schoß. Welch unvorstellbare Schmerzen einer Mutter!

Unser Glaube ist nicht ein wohltuendes Sonntagsprogramm, auch wenn einige das so wahrnehmen oder erwarten. Sie bezeichnen das auch noch als Spiritualität. Das bieten wir hier nicht. Die Propstei ist kein Schlaraffenland, das es nun einmal nicht gibt. Auch gegen diese Erwartung haben wir manchmal zu kämpfen. In unserem Leben gibt es Freudvolles und Schlimmes, aber auch den ganz banalen Alltag. Und manches ist einfach Sch... So ist es auch in der Propstei. Dem wollen wir uns stellen. Wir versprechen nicht den Himmel auf Erden. Aber wir wollen bezeugen, dass unser Gott zeltend mitten unter uns ist – in Freud und Leid. Daran erinnert uns eindrücklich die Pietà in der Müllmulde. Diese Installation passt zur Propstei. Hier stellen sich Menschen dem Müll unserer Zeit. Dieser hat verschiedene Farben und teilweise entsetzliche Gesichter: Einsamkeit, Armut, Heimatlosigkeit, Krieg, Terror, Angst, Drogen, Egoismus, Verachtung, Machtmissbrauch, Langeweile, hohe Ansprüche auf Kosten anderer, Krankheit, Scheitern, Tod. Die Pietà in der Müllmulde ist ein Zeichen der Hoffnung mittendrin. Wir brauchen das Problematische nicht zu verdrängen. Wir dürfen uns ihm stellen – weil wir zutiefst geliebt sind.

Don Tonino Bello (1935–1993) hat ein eindrückliches Gebet formuliert: »Heilige Maria, Frau des Alltags, befreie uns von der Nostalgie des Vergangenen und lehre uns, das tägliche Leben als die Baustelle zu betrachten, auf der die Geschichte des Heils entsteht.« (»Don Tonino« ließ sich ein italienischer Bischof nennen, der auf alles verzichtete, was Zeichen der Macht war. Sein Seligsprechungsprozess ist eingeleitet.)

Autostopp und Probefahrt im Leichenwagen

Überall dort, wo der öffentliche Verkehr nicht reicht, bin ich seit meinem 15. Lebensjahr per Autostopp unterwegs – bis heute mehrmals wöchentlich. So werde ich immer wieder sozusagen unerwartet in die Wohnung eines anderen Menschen eingelassen und willkommen geheißen. Diese Erfahrung durfte ich in allen Erdteilen machen, auch in Ländern wie Palästina, Israel, Südafrika und Paraguay. Unzählige Begegnungen und Baustellengespräche wurden mir so geschenkt. Oft wurde ich mit eigenen Baustellen konfrontiert, zum Beispiel mit meiner Blindheit gegenüber der Not anderer.

Meine Erfahrungen auf der Straße mögen überraschen. Wahrscheinlich hat niemand aus der Schar der Leserinnen und Leser schon so viele verschiedene Autos gehabt wie ich als derjenige, der nicht Auto fahren kann. Dazu gehören neben den typischen Autotypen auch Mini, Cabriolet, Lexus, Tesla, offener Jeep, Mercedes, Ferrari, Motorrad und 40-Tonnen-Lastwagen. So konnte ich zum Beispiel von den Freuden und Nöten von Menschen erfahren, die als Fernfahrer wochenlang allein unterwegs sind.

Zwei Autos möchte ich besonders erwähnen. Ich wurde auch schon von Polizeiwagen mitgenommen. Diese Hilfsbereitschaft hat mich tief beeindruckt, aber auch die interessanten Gespräche auf der fahrenden Polizeistation. Doch die größte Überraschung war ein Leichenwagen. Ich saß neben dem Chauffeur, und hinten lag einer in aller Ruhe. Zum Chauffeur meinte ich: »Eigentlich sollte ich jetzt sterben. Das ganze Leben lang per Autostopp unterwegs, und das letzte Auto, das mich mitnimmt, ist der Leichenwagen. Aber die Predigt möchte ich in dieser besonderen Konstellation doch selber halten.« Ich starb nicht, erzählte aber von dieser Erfahrung dem sprachbegabten Mitbruder P. Christoph Müller (*1947).[63] Daraus entstand dieses Gedicht:

Der neue Propst im Walsertal
hat keinen Führerschein.
So stoppt er – und steigt ohne Wahl
in jedes Auto ein.

Er sollte letzthin schnell ins Land.
Schon fuhr ein Van heran.
Doch hielt – o Schreck – am Straßenrand
der Leichenwagen an.

Es war ihm recht. Auf eine Art
war das nur eine Probefahrt.

Dieses Gedicht bringt viele zum Schmunzeln. Die Fahrt im Leichenwagen war tatsächlich eine Probefahrt. Denn der Tod gehört zu unserer Baustelle »Leben«. Nur er ist tod-sicher. Wie dankbar bin ich für die Zuversicht, dass diese letzte Fahrt am Ende zur Voll-Endung führt. Ein großartiges Bild darüber ist uns im letzten Buch der Bibel geschenkt: »Und ich sah einen neuen Himmel und eine neue Erde. Denn der erste Himmel und die erste Erde sind vergangen. Auch das Meer ist nicht mehr. Und die Heilige Stadt, ein neues Jerusalem, sah ich niederfahren aus dem Himmel von Gott her: Wie eine Braut

---

63 Ein empfehlenswertes Werk von ihm zum hier öfters erwähnten Leitbild des heiligen Benedikt: Christoph Müller, *Die Weisungen des heiligen Benedikt. In einfacher und gerechter Sprache*, Freiburg i. Br. 2022.

gerüstet, geschmückt für ihren Mann. Und ich hörte eine gewaltige Stimme vom Thron her sagen: Da! Das Zelt Gottes bei den Menschen: Ja, zelten wird er bei ihnen. Und sie werden seine Völkergruppen sein. Und er, Gott, wird bei ihnen sein – ihr Gott. Und abwischen wird er jede Träne von ihren Augen. Und der Tod wird nicht mehr sein, und Leid und Wehschrei und Not werden nicht mehr sein. Denn das Erste ist vergangen. Und es sprach, der auf dem Thron sitzt: Da! Neu mache ich alles« (Offb 21,1–5).

Ist das nicht auffallend? Gott ist in der Vollendung nicht in einem »Haus voll Glorie« bei seinem Volk, sondern in einem Zelt.

Noch einmal Biblisches —
Die Kirche als Bau

Die Entdeckung der Kirche als Baustelle ist nicht neu. Überhaupt nicht. Im Jahre 1960 reichte der spätere Professor für Exegese des Neuen Testaments an der Theologischen Hochschule Chur, Josef Pfammatter (1926–2007), an der Gregoriana in Rom seine auch heute noch lesenswerte Dissertation ein mit dem Titel *Die Kirche als Bau*.[64] Er arbeitete an den vielen Stellen in den paulinischen Briefen, in denen die Kirche als Baustelle betrachtet wird. Es wird klar: Der Bau ist nicht abgeschlossen. Vielmehr sind alle Getauften Mitarbeitende in dieser Baustelle. Die Kirche ist *semper reformanda*, also immer eine Baustelle. Das ist doch klar, oder?

Paulus schreibt an die Gemeinde in Korinth: »Gottes Werkgenossen sind wir; Gottes Ackerland, Gottes Bau – das seid ihr. Gemäß der Gnade Gottes, die mir gegeben ist, habe ich als weiser Baumeister den Grundstein gelegt; ein anderer baut darauf. Doch richte jeder den Blick darauf, wie er aufbaut. Denn einen anderen Grundstein kann keiner legen als den, der gelegt ist: Und der ist Jesus der Messias. Wenn aber einer auf dem Grundstein baut mit Gold, Silber, wertvollen Steinen, Hölzern, Halm, Rohr – eines jeden Werk wird zum Vorschein kommen« (1 Kor 3,9–13). Alle sind verantwortlich für den Bau. Dann erinnert der Apostel noch einmal daran: »Wisst ihr nicht, dass ihr ein Tempel Gottes seid und der Geist Gottes in euch wohnt?« (1 Kor 3,16). Dasselbe Bild nimmt der

---

64   Josef Pfammatter, *Die Kirche als Bau. Eine exegetisch-theologische Studie zur Ekklesiologie der Paulusbriefe*, Rom 1960.

Brief kurz später wieder auf: »Oder wisst ihr nicht, dass euer Leib ein Tempel des Heiligen Geistes in euch ist, den ihr von Gott habt, und dass ihr nicht euch selbst gehört?« (1 Kor 6,1). Paulus ist sich bewusst: »Nicht alles baut auf« (1 Kor 10,23), »die Liebe aber baut auf« (1 Kor 8,1), »wer aber prophetisch redet, der baut die Gemeinde auf« (1 Kor 14,4). Im Brief an die Gemeinde in Ephesus wird das Bild der Kirche als Baustelle vertieft: »... aufgebaut auf dem Grundstein der Sendboten und Propheten. Und der Eckstein dazu ist der Messias Jesus. In Eins mit ihm wird der ganze Bau sich zusammenfügen und hinwachsen zu einem heiligen Tempel im Herrn. In Eins mit ihm werdet auch ihr miteingebaut in eine Behausung Gottes im Geist« (Eph 2,20–22). Die verschiedenen Berufungen in der Kirche sind gegeben »für den Aufbau des Messiasleibes« (Eph 4,12). Von Christus her »wird der ganze Leib zusammengefügt und gehalten durch jedes Band der Unterstützung – je nach der Wirkmacht, die einem jeden Teil zugemessen ist –, welches das Wachstum des Leibes schafft zum Aufbau seiner selbst in Liebe« (Eph 4,16).

Solches Bauen ist eine wesentliche Aufgabe der Getauften: »Darum macht einander Mut; ein jeder baue den anderen auf, wie ihr es ja schon tut« (1 Thess 5,11).

Von Baustellen wird auch im Evangelium verschiedentlich erzählt. Ein grundlegendes Jesuswort ist: »Jedwer nun diese meine Worte hört und sie tut, gleicht einem verständigen Mann, der auf den Fels sein Haus gebaut: Und niederging der Wolkenbruch, und kamen die Ströme, und schnoben die Winde, und fielen jenes Haus an – und es fiel nicht. Denn: Auf den Felsen war der Grundstein gelegt. Jedwer aber diese meine Worte nicht hört und sie nicht tut, gleicht einem unklugen Mann, der auf den Sand sein Haus gebaut: Und niederging der Wolkenbruch, und kamen die Ströme, und schnoben die

Winde, und schlugen jenes Haus an – und es fiel. Und sein Fall war groß« (Mt 7,24–27).

Eine peinliche Erfahrung beim Bauen hält Jesus den Zuhörenden vor Augen: »Wer von euch, der einen Turm bauen will, setzt sich nicht zuerst hin und errechnet die Kosten, ob es ihm zur Ausführung reicht – damit nicht etwa, wenn er den Grundstein gelegt und nicht stark genug ist, zu vollenden, alle, die hinschauen, anfangen ihn zu verhöhnen und zu sagen: Dieser Mensch hat zu bauen angefangen und ist nicht stark genug, zu vollenden« (Lk 14,28–30).

Von Baustellen ist auch in anderen neutestamentlichen Schriften die Rede. Petrus macht in seiner Ansprache an die Anführer des Volkes bezüglich Jesus Christus klar: »Er ist: Der von euch, den Bauherren, verachtete Stein – er ist zum Hauptstein geworden« (Apg 4,11). Ausführlicher ist davon in einem späteren Brief die Rede: »Zu ihm kommt heran, dem lebendigen Stein. Er ward zwar von Menschen verworfen, aber bei Gott auserwählt und kostbar. Auch ihr selbst, wie lebendige Steine – aufbauen lasst euch zu einem geistigen Haus, zu einer heiligen Priesterschaft, um geistige, Gott willkommene Opfer durch Jesus den Messias darzubringen. Denn es heißt in der Schrift: Da! Ich setze in Zion einen Stein, einen auserwählten, kostbaren Edelstein. Wer auf ihn vertraut, wird nicht zuschanden. Euch, den Glaubenden, gilt also diese Ehre. Den Nicht-Glaubenden aber gilt: Der Stein, den die Bauleute verworfen, der ist zum Hauptstein geworden und zu einem Stein des Anstoßes und zu einem Fels des Ärgernisses« (1 Petr 2,4–8).

Welche Überraschung: Die Baustelle ist das stärkste und häufigste Bild für die Kirche im Neuen Testament. Schlicht und beeindruckend ist der Aufruf: »Ihr aber, Geliebte, baut euer Leben auf euren hochheiligen Glauben« (Jud 20).

Das offene Dach

Dank der Baustelle in der Propstei ist mir vieles ganz neu aufgegangen bei der Meditation der Heiligen Schrift. Es wurden
mir Durchblicke geschenkt, die vorher nie da gewesen waren.
Mehrmals kam es vor, dass wir einen großen Teil des Daches
abgedeckt hatten. Selbst diese besondere Situation, vor der
viele Angst und Schrecken haben, kann uns die Augen öffnen
für Überraschungen. Ausgerechnet als der erste Teil des Daches abgedeckt war, sprach der Evangeliumsabschnitt, der im
Gottesdienst an diesem Tag wie vorgesehen vorgetragen wurde,
vom Dach, das geöffnet wurde. Da ging ich auf die Suche. Tatsächlich: An zwei Stellen ist in der Heiligen Schrift die Rede
davon, dass das Dach abgedeckt wird. Nach der großen Flut
entfernt Noach »das Dach der Arche, blickte hinaus und siehe:
Der Erdboden war trocken« (Gen 8,13). Das geöffnete Dach
ist ein Zeichen der Hoffnung. Die Katastrophe ist vorüber. Das
Leben geht weiter. Ebenso an der zweiten Stelle: Vier Männer
konnten einen Gelähmten nicht zu Jesus bringen, weil so viele
Menschen um ihn herumstanden. So »deckten sie da, wo er
war, das Dach ab und gruben ein Loch hindurch. So senken sie
die Bahre, darauf der Gelähmte lag, hinunter« (Mk 2,4). Auch
hier ein Zeichen der Hoffnung. Mit der Hilfe besorgter Mitmenschen hat der Mensch in Not den Weg zu Jesus gefunden
und Heilung erfahren. Der Weg dazu: das geöffnete Dach.

Fridolin Stier sieht in diesem Zeichen auch einen
Hoffnungsschimmer für die Theologie: »Da bringen vier Männer einen Gelähmten auf der Bahre, öffnen das Dach und lassen ihn hinunter, mitten hinein, gerade vor Jesus hin. Ach! Wie
wünschte ich der ... Theologie, dass sie von starken Männern
hergeschleppt und durch ein Loch in ihrem Dach hinunter-

131

gelassen würde in die – Mitte, gerade vor Jesus hin. Aber dazu müsste sie um ihr Gebrechen wissen, und die starken Männer müssten sie packen, und der Herr müsste sagen … Reductio ad minimum – re-ductio maximi?«[65] Der Gedanke »Weniger ist Mehr« wurde von den Salzburger Hochschulwochen 2023 aufgenommen. Das ist tatsächlich ein zentrales Thema. Auf der Suche nach dem Weniger könnte die Kirche selbstverständlich eine führende Rolle spielen – wenn sie selber den Weg wagt. An Vorbildern fehlt es in der Schar der Heiligen beileibe nicht.

Das Dach geöffnet hat auch der heilige Franz von Assisi (1181/82–1226). So heißt es in der Wiedergabe einer biografischen Erzählung: »Als wohlwollende Menschen für ihn und seine Gefährten ein Haus zur Verfügung stellen wollten, ist er aufs Dach geklettert und hat die Schindeln runtergeworfen. Er wollte das nicht. Ein Haus war für ihn Ausdruck von Kontrolle, Sicherheit und Bequemlichkeit. Darum wollte er auch nie ein Kloster gründen. ›Die Welt ist mein Kloster‹, soll er gesagt haben.«

Und plötzlich fällt mir zum ersten Mal etwas in den Gemälden des Geroldszyklus von Fridolin Dumeisen (1654–1708) in der Krypta der Propstei auf: Das Dach des Häuschens des heiligen Gerold ist abgedeckt. Ob nicht auch das ein Zeichen der Hoffnung ist? Die vielen Menschen, die hier an diesem besonderen Ort neue Hoffnung schöpfen dürfen, werden das dankbar bestätigen.

---

65 Fridolin Stier, *An der Wurzel der Berge. Aufzeichnungen II*, Freiburg i. Br. 1984, 144. – Übersetzung der lateinischen Wendung: »Zurücknahme auf das Geringste – Wieder-einführung des Größten«.

Wenn Gebäude ins Wanken kommen

Gebäude stehen fest. Sie sind Immobilien, das heißt »nicht zu Bewegende«. Ob Gott sich nicht gerade deswegen gegen Festgemauertes wehrt, das seine Wohnung sein sollte? »Der Höchste haust nicht in Gemächt von Menschenhand« (Apg 7,48). Das haben wir vergessen. Wenn wir an die Wohnstätte Gottes denken, ist da zuerst und fast ausschließlich ein großes, prachtvolles Gebäude in unseren Vorstellungen, zumal aus längst vergangenen Zeiten. Im Laufe der Jahrhunderte hat man sich in der Länge, Höhe und Ausstattung gegenseitig zu überbieten gesucht. Das ist »rein weltlich Ding«, um es mit einer Formulierung Martin Luthers zu sagen. Jesu klares Wort »Bei euch aber soll es nicht so sein!« überhören wir leider bis heute allzu oft. Viel Kritik an der Kirche ist nicht Kritik an ihrer Botschaft, sondern daran, dass sie dieser Botschaft im Weg steht. »Stürmisch rauscht's manchmal im Blätterwald. Oft rauscht es … ›Ein Haus voll Glorie …‹, warum werden die Hausherren so nervös, wenn ein paar kritische Leute, wie Amateurgeologen mit Exkursionshämmerchen, den Fels Petri abklopfen, ob da wohl alles Urgestein sei …«[66] Kritik war schon lange da, von verschiedenen Seiten. Aber sie wurde nicht ernst genommen. Intern wurden Kritikerinnen und Kritiker gemaßregelt.

Heute müssen wir uns von vielen Kirchenbauten verabschieden. Das ist selbstverständlich oft mit starken Emotionen verbunden. Viele entscheidende Schritte im Glaubensleben

---

66 Fridolin Stier, *An der Wurzel der Berge. Aufzeichnungen II*, Freiburg i. Br. 1984, 229.

sind in einem konkreten Gebäude geschehen. Der Abschied von Immobilien kann uns aber auch neu vor Augen führen, dass Gott nicht auf Gebäude erpicht ist. Beim Zug des Volkes Israel durch die Wüste aus der Gefangenschaft in Ägypten wohnt Gott in einem Zelt. Es birgt das Allerheiligste. Es ist mit den Menschen auf dem Weg. Es ist ein »Mobiliar«, das heißt »zu bewegen«. Gott macht sich sogar lustig über das Ansinnen, für ihn eine Immobilie zu errichten: »So hat ER gesprochen: Der Himmel ist mein Stuhl, die Erde der Schemel meiner Füße, – was ists für ein Haus, das ihr mir bauen wollt, was für ein Ort wäre mir Ruhestatt?! Hat all dies meine Hand doch gemacht, da ist all dies geworden, ist SEIN Erlauten, doch auf den blicke ich: auf den Gebeugten, Geistzerschlagenen, meiner Rede Entgegenbebenden« (Jes 66,1–2). In großen Schwierigkeiten wird sogar die Hoffnung geäußert, dass wieder ein Zelt errichtet wird: »Bekenne den Herrn in schöner Weise und preise den König der Ewigkeit, dann wird dir dein Zelt wieder aufgerichtet in Freude« (Tob 3,10).

Im Neuen Testament gibt es keine Kirchengebäude. Der Tempelbau und die Synagogen sind zwar selbstverständlich da, aber die Kritik ist unüberhörbar. Jesus selbst löst mit einem Wort Entsetzen aus: »Löst diesen Tempel auf und errichten werde ich ihn binnen drei Tagen. Und die Juden sprachen: In sechsundvierzig Jahren wurde dieser Tempel gebaut – und du willst ihn binnen drei Tagen errichten! Jener aber redete vom Tempel seines Leibes. Als er dann von den Toten auferweckt war, erinnerten sich seine Jünger, dass er das gesagt hatte. Und sie glaubten der Schrift und dem Wort, das Jesus gesprochen hatte« (Joh 2,19–22). Die Kirchenbauten verdanken wir nicht dem Evangelium, sondern Kaiser Konstantin, der mit der Lateranbasilika im Jahre 313 sozusagen die erste große Kirche errichten ließ. Die Kirchweihe der Basilika – »Mutter und

Haupt aller Kirchen der Stadt Rom und des Erdkreises« – feiern wir jedes Jahr weltweit am 9. November.[67]

Pastor Thomas Hirsch-Hüffell bringt das zugespitzt auf den Punkt – mit einer Zukunftsperspektive (die ich aber näher sehe als erst in einigen Generationen): »Man muss wissen, dass das Christentum vor 1600 Jahren das Römische Reich geheiratet hat. Erst dadurch wurde es schick, reich und weltweit. Vorher feierten sie im Wohnzimmer Abendmahl oder im Keller. Möglich, dass wir da in einigen Generationen wieder mehr leben. Und das muss nichts Schlechtes sein.«[68]

Die Machtposition der Kirche hat sich auf ihr ganzes Leben ausgewirkt. Während es heute noch Glaubende gibt, die das daraus Resultierende als »Haus voll Glorie« besingen, klagt Fridolin Stier das Verhängnisvolle aus besorgtem Herzen dem Baumeister der Kirche: »Institutionen, die es meisterhaft verstanden haben, dich aus der Welt hinauszukomplimentieren, in aus antik-philosophischem und biblischem Mischmaterial gebauten Begriffskathedralen und Sakramentshäuschen wohnhaft zu machen – Kirche, die vollen Kirchen, als ob du die Gottesdienste – als ob du die gewollt hättest, dort gerade und für alle Zeiten, auf keine andere Weise hättest in der Welt sein wollen.«[69]

In der Folge des Zweiten Vatikanischen Konzils wurden verschiedene Kirchen gebaut, die an das Zelt erinnern, so zum Beispiel die Stadtkirche in Brig in meiner Heimatdiözese Sitten oder die Pfarrkirche in Lüchingen in der Diözese St. Gallen.

---

67 Zur Geschichte der Kirchenbauten von Anfang bis heute: Hubertus Halbfas, *Die Zukunft unserer Kirchengebäude. Problemlage und Lösungswege*, Ostfildern 2019.

68 https://www.evangelisch.de/blogs/spiritus/215332/08-05-2023.

69 Fridolin Stier, *An der Wurzel der Berge. Aufzeichnungen II*, Freiburg i. Br. 1984, 202.

Die Wiederentdeckung des Zeltes als Symbol kann ein wichtiger Beitrag gegen den Klerikalismus sein. Amtsträger in der Kirche fühlen sich dann nicht so sehr wie Schlossherren, sondern eher wie »verwundete Heiler« (Henri Nouwen), die im Lazarett im Einsatz sind, um ein Bild von Papst Franziskus zu benützen. Das passt auch für Leute, die miteinander auf einer Baustelle arbeiten: »Den Niedriggesinnten aber gibt er Gnade. Macht euch also niedrig unter der gewaltigen Hand Gottes, damit er euch erhöhe zur rechten Zeit. Alle eure Sorgen werft auf ihn, denn ihm geht es um euch« (1 Petr 5,5b–7).

Auf dem Boden der Wirklichkeit bleiben

Die Begegnung mit dem Wort Gottes macht demütig. Was Demut heißt, führt uns das lateinische Wort *humilitas* bildhaft vor Augen. *Humus* bedeutet Erde. Wir sollen geerdet bleiben, auf dem Boden der Wirklichkeit. Das ist das Gegenteil von Abheben, von Klerikalismus, von Machtgehabe. Und wenn andere uns emporheben? Der große tschechische Komponist Antonín Dvorak (1841–1904) antwortet einem Briefschreiber in einer solchen Situation in aller Klarheit: »Hochgeehrter Herr. Ich muss Ihnen offen gestehen, dass mich Ihr wertes Schreiben befremdet hat, und zwar auf Grund der allzu großen Devotion und Demut und dass es aussieht, als würden Sie zu irgendeinem Halbgott sprechen, für den ich mich allerdings nie gehalten habe und auch nie halte und halten werde. Ich bin ein ganz gewöhnlicher tschechischer Musikant, der solche übertriebenen Erniedrigungen nicht liebt. Obwohl ich mich zur Genüge in der großen Musikwelt aufgehalten habe, bleibe ich immer nur der, der ich war – ein schlichter tschechischer Musikant.« Das schreibt einer, der nicht nur in Tschechien laut bejubelt wurde, sondern auch in London, Moskau und New York. Es würde manchem Neupriester guttun, heute einem Herrn Dvorak zu begegnen. Das würde dem Klerikalismus gleich zu Beginn heilsam das Wasser entziehen. Hochwürden brauchen wir in der Kirche wahrlich nicht.

In seiner Menschwerdung zeigt Gott selbst diesen Weg. Wer Jesus Christus nachfolgt, kann keinen anderen Weg gehen als den der Demut.[70] Der Christushymnus im Brief des Apostels Paulus an die Gemeinde in Philippi (2,5–11) lässt da keinen Zweifel: »Seid so unter euch gesinnt ...« Silja Walter hat ihn zum Hymnus gedichtet, der im Stundengebet der Kirche im deutschsprachigen Raum steht:

Du Wort, das der Vater spricht,
behältst deine Gottheit nicht
als Beute und Raub,
du springst in den Staub:
Du Leben, du Licht
wirst Mensch, der zerbricht,
da fließen die lebenspendenden Wasser
des Heils.
Halleluja.[71]

In der Kapelle im Studienhaus St. Lambert im rheinland-pfälzischen Lantershofen ist das offensichtlich vor Augen gestellt. Der Altar steht an der tiefsten Stelle. Der Weg Gottes zu den Menschen ist das Zentrum unseres Glaubens und der Liturgie, auch wenn die meisten Gotteshäuser architektonisch eine andere Optik darlegen: Der Chorraum ist – wie der Platz des Herrschers und seiner Entourage – im Königssaal (das heißt »Basilika« ursprünglich) vom Volk getrennt und erhöht. Der Weg Gottes zu den Menschen ist im Prolog des Johannes-evangeliums mit einem eindrücklichen Bild dargestellt: »Und Er, das Wort, ward Fleisch, zeltend unter uns« (Joh 1,14). Was

---

70 Vgl. dazu den Brief von Papst Franziskus an die Priester der Diözese Rom: https://www.vatican.va/content/francesco/it/letters/2023/documents/20230805-lettera-sacerdoti.html.

71 Silja Walter, Gesamtausgabe Bd. 10: *Spiritualität II*, Freiburg (Schweiz) 2005, 525.

haben wir aus dieser Aussage gemacht? Nicht etwa genau das Gegenteil? Das Wort ist mitten unter uns – zeltend, und nicht festgemauert. Also mit uns auf dem Weg. Und zum Zelt – »tabernaculum« in lateinischer Sprache – heißt es im Kirchenrecht: »Der Tabernakel, in dem ständig die heiligste Eucharistie aufbewahrt wird, darf nicht beweglich sein; er muss aus festem, undurchsichtigem Material gefertigt und so verschlossen sein, dass, soweit irgend möglich, die Gefahr der Profanierung vermieden wird« (CIC can. 938 §3). Diese Weisung ist nachvollziehbar, müsste uns aber zumindest zu denken geben. Was haben wir aus dem Zelt gemacht, in dem Gott mitten unter uns sein will? Diese Frage bewegte zumindest einen vor der letzten Papstwahl 2013 kaum bekannten Kardinal – es war Kardinal Bergoglio –, als er unter anderem sagte: »In der Offenbarung sagt Jesus, dass er an der Tür steht und anklopft. In dem Bibeltext geht es offensichtlich darum, dass er von außen klopft, um hereinzukommen … Aber ich denke an die Male, wenn Jesus von innen klopft, damit wir ihn herauskommen lassen. Die egozentrische Kirche beansprucht Jesus für sich drinnen und lässt ihn nicht nach außen treten.«[72] Schon lange vorher hat Ähnliches der große Prediger Johannes Chrysostomus (347–407) gesagt: »Willst du den Leib des Herrn ehren? Vernachlässige ihn nicht, wenn er unbekleidet ist. Ehre ihn nicht hier im Heiligtum mit Seidenstoffen, um ihn dann draußen zu vernachlässigen, wo er Kälte und Nacktheit erleidet. Jener, der gesagt hat: ›Dies ist mein Leib‹, ist der Gleiche, der gesagt hat: ›Ihr habt mich hungrig gesehen und mir nichts zu essen gegeben‹ und ›Was ihr dem geringsten meiner Brüder getan habt, das habt ihr mir getan.‹ […] Was nützt es, wenn der eu-

72 https://weltkirche.katholisch.de/Aktuelles/Brandrede-Bergoglios-aus-dem-Vorkonklave (Zugriff: 15. Dezember 2021).

charistische Tisch überreich mit goldenen Kelchen bedeckt ist, während er Hunger leidet? Beginne damit, den Hungrigen zu sättigen, dann verziere den Altar mit dem, was übrig bleibt.«[73]

Gott stellt sich unserer Wirklichkeit. Er traut uns zu, dasselbe zu tun. Ist die Schwäche des Phänomens, das als Esoterik bezeichnet wird, nicht genau das Ausblenden der Wirklichkeit, die nicht genehm ist? Es wird eine Teilwirklichkeit gepflegt und vielleicht sogar geschaffen. Das mag im Moment guttun, aber es ist nicht die Baustelle, auf der ich zur Arbeit gerufen bin. Alles ist gut? Nein, eben nicht. Wir kommen nicht darum herum, das auch Gott, dem Schöpfer aller Wirklichkeit, klagend vorzuhalten. Vergessen wir aber nicht: Eine Baustelle kann zwar sehr mühsam sein, aber mit einem liebenden Blick betrachtet ist sie auch faszinierend. Wir müssen nicht nur lernen, mit unseren existenziellen Baustellen zu leben, sondern wir müssen lernen, sie liebend zu leben – Tag für Tag.

---

73 Joannes Chrysostomus, *In Evangelium S. Matthaei homiliae* 50,34 (PG 58).

Schritt für Schritt

Zur Wirklichkeit unseres Menschseins gehören auch unsere Grenzen. Auf einer großen Baustelle kann nicht alles gleichzeitig angegangen werden, auch wenn wir gerne alles zur selben Zeit tun möchten. Einige stellen diese nicht zu erfüllende Forderung an sich selbst oder an andere. Damit stehen sie manchem Fortkommen im Weg. Das erfahren wir auch auf der Baustelle Kirche. Überall sollte gebaut werden, nachdem über Jahrzehnte andere Kirchenbilder prägend waren. Ein Haus voll Glorie lässt keine Arbeiten zu. Die braucht es dort gar nicht. Aber wir sind eine Baustelle. Heute sind wir uns dessen mehr und mehr bewusst. Aber es kann nicht alles gleichzeitig angegangen werden, auch wenn wir das noch so gerne hätten. Wir mussten in der Propstei immer wieder auch dringende Projekte hintanstellen.

Seit 2013 geht das Bild der Baustelle mehr und mehr Menschen auf – angefangen vom Papst. Es ist nicht einfach, diesen Wechsel mit einer Gemeinschaft von über einer Milliarde Menschen zu vollziehen. Würde der Bauleiter einfach allein über den Weg entscheiden, käme das nicht gut an und würde auch nicht funktionieren. So geht es bei keiner Baustelle. Möglichst alle Mitarbeitenden müssen mitgenommen werden. Das aktuelle Wort dafür ist: synodaler Prozess. Der synodale Prozess will diese wirklich Not-wendende Umkehr im Denken und im Tun in Bewegung bringen und in der Folge dafür sorgen, dass die Kirche in Bewegung bleibt, gemeinsam.

Zuerst müssen wir miteinander die aktuelle Situation wahrnehmen. Und dann müssen wir uns einigen, wie wir Schritt für Schritt vorwärtsgehen. Dabei sind viele Strukturen immer noch geprägt vom »Haus voll Glorie« – nicht zuletzt das Kirchenrecht. Der Einsatz einiger Kreise, das Lied weiterhin aus voller Überzeugung zu singen, ist sehr groß. Da muss noch viel passieren. Ob wir wollen oder nicht: ohne Geduld geht es nicht. Wer keine Geduld hat, träumt nicht von der Baustelle, sondern vom perfekten Haus. Die Geduld darf aber nicht dort von oben eingefordert werden, wo man nicht mutig weitergehen will. »Schritt für Schritt« heißt das Gebet, das die Mitschwestern im Kloster Fahr seit einigen Jahren Donnerstag für Donnerstag beten und mit ihrem ansteckenden Beispiel in alle Welt getragen haben.[74] »Es ist ein Gebet, das den Veränderungs- und Erneuerungsprozess in der Kirche begleiten soll«, erklärt Priorin Irene Gassmann (*1965). In dem Gebet lernen wir Gottes Träume kennen. Vorwärts bringt uns nur der Traum von der gemeinsamen Arbeit auf der Baustelle, die Gott uns heute zumutet. Schritt für Schritt werfen wir im Folgenden einen ungewohnten Blick auf die wichtigsten Feste des Kirchenjahres und auf verschiedene wichtige Teile der Baustelle.

---

74 https://www.gebet-am-donnerstag.ch/.

Geburt Jesu mit Bagger

In meiner Amtszeit als Abt von Einsiedeln hatten wir einmal an Weihnachten noch ein Gerüst in der Klosterkirche. Damit war ausgerechnet auch noch die große Weihnachtskuppel verdeckt. Damals war meine Freude an Baustellen noch nicht so groß wie heute. Aus Kostengründen blieb das Gerüst aber über Weihnachten stehen. Das erinnerte mich an ein Weihnachtsbild, das ich als Teenager in einem Gebetsbüchlein gefunden hatte. Damals konnte ich mit dem Bild überhaupt nichts anfangen, heute wäre ich froh, es in meinem Arbeitsraum zu haben: *Geburt Jesu mit Bagger* von Emil Scheibe (1914–2008). Auf den ersten Blick fällt der große Bagger im Zentrum auf. Die Geburt Jesu ist in eine Ecke geschoben. Man muss schon zweimal hinschauen, um sie überhaupt zu entdecken. Dort steht ein Unterschlupf, der aussieht wie ein baufällig gewordenes Wartehäuschen. Eine Frau kniet auf dem Boden; ein Mann steht neben einer Kiste, in der ein Kind liegt. Nur ein einziger Mensch schaut zum Schuppen. Alle anderen gehen daran achtlos vorüber, als ob nichts wäre. Der Greifer des Baggers ist so platziert, dass er den Schuppen mit allem, was drin ist, wegräumen könnte, einfach entsorgen. Da ist jede Romantik dahin. Das ist so ganz und gar nicht weihnachtlich. Das ist wie Weihnachten in der eingerüsteten barocken Einsiedler Klosterkirche. Fast möchte man sagen: Wie eine Faust aufs Auge, oder eben: Geburt Jesu mit Bagger.

Je mehr ich mich mit dem Bild von Emil Scheibe auseinandersetze, umso mehr beeindruckt es mich. Ist es dem, was wir an Weihnachten feiern, nicht viel näher als all das Gefühlvoll-Idyllische, das wir so gemeinhin mit diesem Fest verbinden? Die Geburt Jesu vor 2000 Jahren hatte in der Tat wenig Romantisches. Ein junges Paar auf der verzweifelten Suche nach einer Unterkunft, wo die Frau ein Kind zur Welt bringen kann. »In sein Eigentum kam Er, und die Eigenen nahmen Ihn nicht auf« (Joh 1,11). In der Not finden sie einen primitiven Unterschlupf. Das alles passiert an einem völlig unbedeutenden Ort auf dieser Erde. Rundherum geht alles weiter, als ob nichts passiert wäre. Wir haben uns so sehr an Weihnachten gewöhnt, dass dieses erschütternde Fest vor allem ein Fest fürs Gemüt geworden ist. So eine Art Wellness-Ecke am Schluss des Jahres. Gefühlsduselei. Weihnachten gehört einfach dazu und ist ein wichtiger Geschäftsfaktor geworden. Und genau damit haben wir es fertiggebracht, Weihnachten ins pure Gegenteil dessen zu pervertieren, was es eigentlich ist. So ist Weihnachten vor allem leer geworden, ohne Konsequenzen für unser Leben. Weil unser Leben nicht Gefühlsduselei ist, sondern harte Realität. Treffender als Fridolin Stier kann man es wohl kaum zum Ausdruck bringen: »Wenn's der Teufel darauf angelegt hätte, dieses Fest zum Gespött zu machen, es wäre so, wie es ist, ein Meisterwerk.«[75]

Das Weihnachtsfest ist keine Flucht für ein paar Tage in eine heile Welt. Im Gegenteil: An Weihnachten feiern wir, dass Gott in die Baustellen unseres Lebens kommt. Unsere Aufgabe als Getaufte ist es, die Krippe in den Baustellen suchen, in denen wir uns bewegen. Gott suchen – das nennt der heilige Benedikt die wichtigste Aufgabe des Mönchs (vgl. RB 58,7). Gott suchen – das ist die wichtigste Aufgabe aller Getauften. In den Baustellen des Lebens Neuanfänge wagen: das Kind in der Krippe suchen und entdecken. Bei dieser Suche dürfen wir uns nicht daran stören, dass wir dabei sowohl auf

75 Fridolin Stier, *Vielleicht ist irgendwo Tag. Die Aufzeichnungen und Erfahrungen eines großen Denkers*, Freiburg i. Br. ²1994, 151.

Hirten als auch auf Könige treffen. Wir werden auch auf viele Menschen treffen, die klipp und klar sagen: »Es gibt keinen Gott!« Ich muss ehrlich gestehen: Ich habe Verständnis für ihre Haltung. Manchmal ist es tatsächlich sehr schwer, in den Wirren unseres Lebens gerade den Schuppen zu entdecken, der allem Sinn gibt. Auch sogenannte Praktizierende können so leben, als ob es Gott nicht gäbe, sogar im Kloster. Der heilige Benedikt spricht davon, dass wir mit einem solchen Leben Gott lächerlich machen. Darum ruft uns der Mönchsvater auf, jeden Tag aufs Neue mit offenen Augen und aufgeschreckten Ohren durchs Leben zu gehen. Da ist kein Platz für Gedankenlosigkeit und Routine. Da ist Gott, der auf uns wartet! Im Verborgenen. Auf den Baustellen unseres Lebens.

Darum ist Weihnachten nicht einfach Hurra-Stimmung, sondern Freude über ein Licht im Dunkeln, über die Gegenwart Gottes – eine Gegenwart, die man auf den ersten Blick zu übersehen droht, an der man achtlos vorbeigehen kann. Und wenn man die Krippe einmal entdeckt hat, wird nicht einfach alles anders. Das Unfertige hört nicht auf. Die Aufgaben bleiben. Aber wir können sie von der Krippe her angehen und gestalten. Wir entdecken Einen, der allem einen Sinn gibt.

In dem Maße, in dem wir uns den Wirklichkeiten und den Unvollkommenheiten des Lebens stellen und ehrlich Gott suchen, können wir entdecken, was Weihnachten wirklich heißt. Da geht die Botschaft der Menschwerdung zu Herzen. Da regieren plötzlich nicht mehr die Gewohnheit und das Gesetzbuch. Da übernimmt das Kind in der Krippe die Führung. »Doch die Ihn angenommen, denen hat Er Vollmacht gegeben, Kinder Gottes zu werden – den an Seinen Namen Glaubenden« (Joh 1,12). Das ist keine Macht von oben herab, das ist Macht vom Kind in der Krippe her. Man muss sich tief beugen. Wer das erfährt, für den sind die Sakramente nicht mehr

Pflichtübungen. Da wird die Eucharistiefeier zur Krippe – zum hoffnungsvollen Lichtblick. Und genauso das Sakrament der Versöhnung, in dem Gott uns immer wieder neu einen Anfang schenkt. Das macht Mut. Das richtet auf. Und wenn wir denken: Das darf doch nicht wahr sein: Jetzt habe ich an Weihnachten noch so viele Gerüste in meinem Leben! Doch, das darf sein. Das tut der Weihnachtsfreude keinen Abbruch. Denn die Weihnachtsfreude hängt nicht vom Vorhandensein von Baustellen und Gerüsten ab, sondern vom Entdecken der Gegenwart Gottes in unserem Leben. »Ein Retter ward euch heute geboren« (Lk 2,11).

Weihnachten ist nie wie immer

In St. Gerold stehen die vom Künstler Ueli Schmutz (*1932) für die Propstei geschaffenen großen Keramik-Krippenfiguren jedes Jahr an einem anderen Ort und in einer anderen Konstellation: Weihnachten in unserer Baustelle. Im Lockdown der Pandemie konnte die Krippe draußen im Hof der Propstei abgeschritten und begangen werden. Jede Figur – vom Raben bis zum Jesuskind – stellte sich den Besuchenden auf einem Flyer selbst vor.

Angesichts der Not so vieler Menschen auf der Flucht, die in Zelten untergebracht waren, zeigte sich die heilige Familie in einem anderen Jahr im vordersten Teil der Kirche in einem modernen Familienzelt. Das hat mich ähnlich tief berührt wie eine Aufführung des Weihnachtsoratoriums von Johann Sebastian Bach (1685–1750) in der Werkshalle der Rhätischen Bahn in Landquart:[76] Weihnachten mitten im Alltag.

Dann machten sich die Sterndeuter auf den Weg nach Betlehem und nahmen die Besuchenden mit – nicht in die Kirche, sondern direkt in die riesige Baustelle. Auf dem Weg dorthin traf man den Engel mit den Hirten und den Schafen. Dann ging es – wie im seit 2002 mit einer Mauer abgesperrten Betlehem – durch einen von Gittern vorgegebenen Weg in einen erbärmlichen Raum. Dort in der Ecke war die heilige Familie. Kinder und Jugendliche, die die Krippe besuchten, holten anschließend ihre Eltern und Großeltern, um mit ihnen diese Weihnachtserfahrung zu teilen. Ich hörte, wie eine Frau aus einem Nachbarort mit voller

---

76 Dies war eine der einfallsreichen und tiefsinnigen Aufführungen von www.origen.ch.

Überzeugung sagte: »Das hat jetzt aber wirklich gar nichts mit Weihnachten zu tun.« Da konnte ich ihr von einer anderen Erfahrung erzählen.

Zwei Tage vor Weihnachten kam ich am späten Abend in einer italienischen Stadt an. Ein paar hundert Meter vor dem Hotel lief ein junger Mann verzweifelt neben seinem Gepäck rum. Von seinem Aussehen her meinte ich, er sei Ukrainer. Ich sprach ihn in Englisch an und fragte ihn, ob er eine Unterkunft habe. Er antwortete in Italienisch. Er erzählte mir, dass seine Freundin hier wohne und ihn hinausgeworfen habe. So fand er sich verzweifelt auf der Straße wieder. Weihnachten konnte er so nicht mehr feiern – auch nicht mit seinen Eltern in Süditalien. Und da kam ich daher. Ich bot ihm an, in dem einfachen Hotel, wo ich ein Zimmer gebucht hatte, auch ein Zimmer für ihn zu zahlen, falls noch eines frei sei. Das wollte er nicht. Essen wollte er auch nicht. Ich schlug ihm vor, dass ich schnell mein Zimmer beziehe, und dann könnten wir in eine Bar gehen und miteinander etwas trinken. Und so saßen wir in dem mir ungewohnten Lärm einer Bar zusammen, und er erzählte mir aus seinem Leben. Vorher, so meinte er, habe er gedacht: Jetzt müsste irgendwo ein Mönch daherkommen und ihn vor dem bewahren, was er sich hätte antun können. Er wusste nicht mehr weiter. Er wusste aber auch nicht, dass ich Mönch bin. Da er auf dem Bau tätig ist, begann ich ihm von der Bedeutung von Baustellen zu erzählen. Und dass unser Leben auch eine Baustelle sei. Weihnachten sei nicht eine gute Stimmung, sondern Licht in unsere Nacht. In unserer Baustelle wolle Gott zur Welt kommen. Nathalie und David, die kreativen Köpfe mit Herz (zusammen bilden wir die Leitung der Propstei), hatten mir zuvor ein Foto unserer soeben gestalteten Krippe auf der Baustelle geschickt. Dieses Foto zeigte ich meinem Gesprächspartner. Da begannen ihm die Tränen zu fließen. »Das ist mein Leben!«, meinte er betroffen. Es hatte also doch etwas mit Weihnachten zu tun.

Da fragte er mich: »Arbeitest du auf dem Bau?« Nein, das konnte ich nicht bestätigen. »Aber was stimmt: Ich habe viel mit Baustellen zu tun. Jetzt will ich dir verraten, was mein Beruf ist: Ich bin Mönch.« Was dann passiert ist, kann man sich kaum vorstellen. Er konnte sich nicht mehr halten. Das war zu viel. Er stand auf, umarmte mich und schluchzte vor Freude. Dann sagte er: »Ich gehe zurück zur Freundin. Jetzt merke ich, dass es gut ist.« Später in der Nacht sprach er mir aufs Telefon: »Hallo Martin. Es geht gut. Es geht wirklich gut. Diese Stunden sind wirklich magisch gewesen. Es hat mich sehr gefreut, dich zu treffen. Danke! Danke nochmals für … Danke! Einfach so: Danke! Ich möchte gerne dich besuchen in Österreich, wenn ich die Möglichkeit habe. Gute Nacht! Und frohe Weihnachten! Danke nochmals.«

Ein sehr kreativer Mensch, der an verschiedenen Baustellen in seiner eigenen Familie hart arbeiten musste und dem wir mehrere Fernsehsendungen im deutschsprachigen Gebiet verdanken, meinte zu unserer Krippe: »Das ist wohl die authentischste Krippe. Ich würde die Baustelle lassen. Bis nächstes Jahr für Weihnachten, oder?« Nein, die Krippe wird sich nächstes Jahr ganz anders präsentieren – in der Situation, in der wir dann sein werden. Gott wird auch dann mitten unter uns zelten.

Kreuz des Herrn, du dunkler Kran: Karwoche

Welche Baustelle ist die Karwoche! Am Palmsonntag wird gejubelt. Am Gründonnerstag gibt es Verrat im eigenen Freundeskreis. Am Karfreitag wird derjenige als Verbrecher am Kreuz hingerichtet, der von ganz unterschiedlichen Menschen als Retter der Welt betrachtet wurde. Am Karsamstag ist alles vorbei und die Hoffnung begraben. Totenstille. Das Kreuz ist das Zeichen der größten Baustelle.

In der Pfarrkirche von Kirchberg in der Schweiz wird ein Kreuz verehrt, das sich am 16. Dezember 1685 während einer Predigt über dieses Kreuz eigenartig verhalten haben soll. Das mit drei Nägeln an der Mauer befestigte Kreuz habe sich von dort weg- und hin- und herbewegt und dann wieder zurück an seinen Platz. Viele der Anwesenden sagten vor einer Untersuchungskommission aus. Der Vorfall wurde von dieser als »authentisch und wahrhaft« bestätigt.

In einer Predigt am Festtag dieses Vorkommnisses sagte ich zu den Gläubigen, dass ich ihnen kein Kompliment machen könne. Im Gegenteil: Das Kreuz gefiel mir nicht. Kreuz ist ja genau das, was wir nicht wollen, was uns widersteht. Das war für Jesus offensichtlich nicht anders, wenn er im Garten Getsemani niederkniet und betet: »Vater! Wenn du willst, führ diesen Becher an mir vorüber. Jedoch nicht mein Wille, sondern der deine geschehe. ... Und er geriet in Todesangst. Und noch ausdauernder betete er. Und es wurde sein Schweiß wie Blutstropfen, die zur Erde fallen« (Lk 22,42.44).

Das Kreuz gefällt uns nie. Mir jedenfalls kommt das Kreuz, das ich zu tragen habe, immer wieder als viel zu groß vor.

Wir sind es auch gewohnt, das Kreuz als Schmuckstück um den Hals zu tragen oder in unseren Wohnungen aufzuhängen. Ehrlich gesagt: Als Schmuckstück habe ich das Kreuz in meinem Leben noch nie erfahren. Darum ist es ja so schwer, es zu akzeptieren und zu tragen. Das Kreuz ist kontrovers. Der heilige Paulus bringt das zugespitzt auf den Punkt: »Nachdem die Juden Zeichen fordern und Griechen Weisheit suchen, verkünden wir dagegen einen gekreuzigten Messias, den Juden: ein Ärgernis; den Völkern: ein Aberwitz« (1 Kor 1,22–23). Die Juden regen sich darüber auf, dass ein Gekreuzigter als Gott verehrt wird. Das ist doch unvorstellbar! Die Heiden betrachten das als Dummheit. Und was heißt das: »verkünden wir dagegen einen gekreuzigten Messias«? Das Kreuz ist und bleibt ein schreckliches Marterinstrument, um Menschen in aller Öffentlichkeit zu Tode zu quälen. Nicht an einem schönen Kreuz, sondern an dieser schrecklichen Erfindung von Menschen wird Jesus hingerichtet. Welch große Botschaft für uns alle: Er ist selbst dort mit uns, wo alles zum Verzweifeln ist, wo wir nicht mehr weitermögen, wo wir in Angst gefangen sind.

Silja Walter, die dichtende Nonne, vergleicht das Kreuz mit etwas, das uns vertraut ist. Aber damit überrascht sie uns ganz gehörig: Das Kreuz als ein Kran. Tatsächlich hat der Kran meistens eine Kreuz-Form. Der Kran ist da, um etwas emporzuheben. Aber wem gefällt schon ein Kran?! Wir sind froh, wenn er sofort wieder verschwindet, sobald er seinen Dienst getan hat. Silja Walter schreibt über das Kreuz diese Zeilen:

Kreuz des Herrn,
du dunkler Kran,
hebst die Welt
nach Gottes Plan
aus dem Tod ins Leben.

Ziehst den Menschen
aus dem Schacht,
deine Arme
haben Macht,
ihn ins Licht zu heben.[77]

Mit dem Kreuz will Gott uns emporheben. Ist es nicht genau das, was das Wunder von Kirchberg sagen will? Ein Kreuz, das (sich) nicht bewegt, kann uns nicht aus dem Schacht heben. Aber: Das Kreuz bewegt sich – es bewegt uns. Das ist das Wunder, das wir auch heute erfahren dürfen. Silja Walter war wohl kaum einmal in Kirchberg, aber ihr Gedicht ist eine Einladung, das Heiligkreuzwunder von Kirchberg neu zu entdecken.

Vielleicht wäre es gar nicht so abwegig, für unsere Wohnräume ein Kreuz auszusuchen, das uns jedes Mal daran erinnert, dass das Kreuz in unserem Leben so gar nicht dem entspricht, was wir erwarten. Aber seine unübersehbare Botschaft ist, dass Gott da ist. Er ist nicht dort, wo wir sein möchten. Er ist dort, wo wir sind. Auch in dem Schacht, in dem wir uns befinden – um mit uns zu sein, aus dem Tod ins Leben.

77 Silja Walter, Gesamtausgabe Bd. 10: *Spiritualität II*, Freiburg (Schweiz) 2005, 484.

Chaos Ostern

Jesus selbst bringt das Osterfest als Baustellenfest zur Sprache. Zugespitzter könnte man es nicht tun – wir haben es bereits in anderem Zusammenhang gehört: »Löst diesen Tempel auf und errichten werde ich ihn binnen drei Tagen. Und die Juden sprachen: In sechsundvierzig Jahren wurde dieser Tempel gebaut – und du willst ihn binnen drei Tagen errichten! Jener aber redete vom Tempel seines Leibes. Als er dann von den Toten auferweckt war, erinnerten sich seine Jünger, dass er das gesagt hatte. Und sie glaubten der Schrift und dem Wort, das Jesus gesprochen hatte« (Joh 2,19–22).

Das leere Grab am Ostermorgen war ein Schock. Es war keine freudige Überraschung. So schloss das Markusevangelium ursprünglich mit dem Satz nach der Begegnung der Frauen mit dem Engel im leeren Grab: »Und hinaus gingen sie, flohen vom Grab. Noch zitterten sie und waren außer sich. Und mit niemand sprachen sie etwas – voll Furcht wie sie waren« (Mk 16,8). Das bringt auch die Geschichte der beiden Menschen auf dem Weg nach Emmaus in aller Deutlichkeit zum Ausdruck. Als die Frauen vom Grab zurückkamen und den Männern von der Begegnung mit dem Engel erzählten, heißt es: »Und doch erschienen diese Worte in ihren Augen als bloßes Geschwätz, und sie konnten ihnen nicht glauben« (Lk 24,11). Ausdrücklich waren es Frauen und Männer (vgl. Lk 24,10) aus dem Freundeskreis des Hingerichteten, die hier zusammen waren. Interessant ist die Fortsetzung der Erzählung. In vielen Übersetzungen heißt es seit jeher: »Und siehe, am gleichen Tag waren zwei von den Jüngern auf dem Weg in ein Dorf namens Emmaus« (Lk 24,13).[78] Daraus entstand die Rede von den Emmaus-Jüngern. Wir denken sofort an zwei Männer. Im Originaltext ist die Formulierung allerdings eine andere. »Und da! Zwei von ihnen waren am selben Tag auf Wanderung nach einem … Dorf namens Emmaus.« Zwei von diesen Frauen und Männern, von denen zuvor die Rede war (vgl. Lk 24,10), waren unterwegs, also nicht notwendigerweise zwei Männer. Von einer Person wissen wir, wie sie heißt: Kleopas (Lk 24,18). Die andere Person bleibt ohne Namen. Von einem Klopas ist im Johannesevangelium die Rede, allerdings nur indirekt. Maria, die Frau des Klopas, stand mit anderen Frauen beim Kreuz (Joh 19,25).

Wir sprechen wie selbstverständlich von den Emmausjüngern. Ist es nicht wahrscheinlicher, dass Kleopas und seine Frau Maria in dieser Geschichte miteinander unterwegs sind? In einer patriarchal geprägten Kultur wird der Mann selbstverständlich mit Namen genannt und die Frau ebenso selbstverständlich mitgedacht. Ein Mönch aus dem Benediktinerkloster Nütschau, der Ikonen schreibt, wagte das Experiment. Das Original dieser Ikone mit der Emmaus-Jüngerin und dem Emmaus-Jünger befindet sich in der Kapelle der Salvatorianerinnen in Emmaus-Qubeibe (Palästina). Versuchen wir die uns vertraute Geschichte einmal mit dieser neuen Perspektive zu lesen! Einiges spricht dafür, nicht nur der Hinweis, dass sie gestritten haben … Die andere Möglichkeit: Es sind zwei Männer, die miteinander sehr vertraut sind, die einander lieben und zusammen wohnen. Aber diese Wahrscheinlichkeit wäre der Kirche zu unangenehm provozierend – und trotzdem nicht grundsätzlich auszuschließen, da zudem der zweite Name nicht genannt ist. Viele Künstler haben das Problem gelöst, in-

---

78 So in der Übersetzung, die in den Gottesdiensten vorgetragen wird.

dem sie einen Kellner hinzumalten, so zum Beispiel der große Meister Michelangelo Merisi da Caravaggio (1571–1610). Die beiden Jünger wären also in einer Herberge eingekehrt. Dazu gibt es in der Erzählung aber keinen Hinweis. Im Gegenteil.

»Und da! Zwei von ihnen waren am selben Tag auf Wanderung nach einem sechzig Stadien von Jerusalem entfernten Dorf namens Emmaus. Auch die unterhielten sich miteinander über all diese Ereignisse. Da geschah es: Während sie sich unterhielten und stritten, war Jesus selbst genaht und wanderte mit ihnen. Aber ihre Augen waren gehalten, dass sie ihn nicht erkannten. Er sprach zu ihnen: Was sind das für Reden, die ihr da im Gehen miteinander wechselt? Da blieben sie stehen, verdrossen dreinblickend. Hob der eine namens Kleopas an und sprach mit ihm: Du bist der Einzige, der sich in Jerusalem aufhält und nicht erfahren hat, was in diesen Tagen darin geschehen ist. Und er sprach zu ihnen: Was denn? Sie sprachen zu ihm: Das mit Jesus, dem Nazarener, der ein Prophet war, kraftvoll in Tat und Wort vor Gott und allem Volk. Und wie ihn unsere Hohenpriester und Anführer dem Richtspruch zum Tode ausgeliefert haben und ihn kreuzigten. Wir aber hatten gehofft, er sei es, der Israel erlösen werde. Zu alldem hin aber lässt er diesen dritten Tag hingehen, seitdem das geschah. Jedoch einige Frauen von den unseren haben uns dazu gebracht, dass wir außer uns gerieten. Sie waren frühmorgens am Grab und als sie seinen Leib nicht gefunden, kamen sie und sagten: Sogar eine Erscheinung von Engeln hätten sie gesehen – die sagen, er lebe. Und da gingen einige von denen, die mit uns sind, zum Grab und fanden es so, wie die Frauen gesagt hatten. Ihn selbst aber sahen sie nicht. Da sprach er zu ihnen: O ihr – zu unverständig und trägherzig, um alles zu glauben, was die Propheten geredet! Musste nicht eben das der Messias leiden, um in seine Herrlichkeit zu kommen? Und angefangen von Mose und allen Propheten erklärte er ihnen, was in allen Schriften über ihn steht. Und so nahten sie sich dem Dorf, wohin sie wanderten. Und da tat er, als wolle er noch weiter wandern. Sie aber drängten ihn und sagten: Bleib mit uns! Es geht ja gegen Abend, und schon geneigt hat sich der Tag. Und er ging hinein, um mit ihnen zusammenzubleiben. Und es geschah: Als er sich mit ihnen zu Tisch gelagert, nahm er das Brot und sprach die Preisung, brach es und gab es ihnen. Da wurden ihre Augen erschlossen, und sie erkannten ihn. Und er – hinweg schwand er ihnen. Und sie sprachen zueinander: Brannte nicht unser Herz in uns, als er auf dem Weg mit uns redete, als er uns die Schriften erschloss? Und auf standen sie – noch zur selben Stunde und kehrten nach Jerusalem zurück. Und dort fanden sie die Elf und jene, die mit ihnen waren. Die sagten: Wirklich – auferweckt ward der Herr, und er hat sich dem Simon sehen lassen! Auch sie berichteten, was auf dem Weg geschehen und wie er ihnen beim Brechen des Brotes kenntlich geworden« (Lk 24,13–35).

Diese Erzählung von der Jüngerin und dem Jünger oder von den zwei Männern, die sich lieben, auf dem Weg nach Emmaus zeigt, welche Baustelle auch das Ostergeheimnis ist und bleibt. Noch nach bald 2000 Jahren können wir diese Geschichte ganz neu entdecken. Aber auch das Ringen mit dem Auferstandenen bleibt. Da ist und bleibt ein Chaos, das wir immer wieder nur im Nachhinein etwas lichten können: »Brannte nicht unser Herz in uns?«

Pfingstliche Menschen sind nicht normal!

Das Pfingstgeschehen, so wie es in der Apostelgeschichte beschrieben ist, bricht das Normale mit dramatischen Bildern auf. Nie und nimmer dürfen wir das Pfingstfest Jahr für Jahr einfach feiern – und dann ist es wieder vorüber. Pfingsten bringt Feuer und Leben in die Baustelle. Wir beginnen einander zu verstehen. Sogar denen draußen werden wir verständlich. Die Leute sind begeistet. Von der Heiligen Anhauche sind sie bewegt.

»Und als der Tag des Pfingstfestes vollends gekommen, waren alle gemeinsam am Ort. Und es geschah: Plötzlich kam aus dem Himmel ein Brausen – wie von einherfahrendem gewaltigem Schnaufen. Und es füllte das ganze Haus, darin sie saßen. Und sichtbar wurden ihnen – sich verteilend – Zungen wie von Feuer. Und die setzten sich auf jeden von ihnen. Und voll heiligen Geistes wurden alle. Und ihre Zungen begannen anders zu reden – wie der Geist es ihnen kundgab. In Jerusalem aber wohnten Juden, ehrfürchtige Männer aus allen Völkern unter dem Himmel. Als laut ward dieses Rauschen, lief die Menge zusammen und ward verwirrt, da ein jeder sie reden hörte in seiner eigenen Sprache. Sie waren außer sich und sagten staunend: Nein – da! Die hier reden – das sind allsamt Galiläer! Und wieso hören wir jeder unsere Sprache, in der wir geboren sind? Wir Parther und Meder und Elamiter und die Bewohner von Mesopotamien, Judäa und auch Kappadozien, Pontus und Asia, von Phrygien und auch Pamphylien, Ägypten und den Gebieten Libyens gegen Zyrene hin und die zugewanderten Römer, Juden und auch Proselyten, Kreter und

Araber – wie hören sie wie mit unseren Zungen von den großen Taten Gottes reden. Sie waren alle außer sich und wussten nicht ein noch aus – sagte einer zum anderen: Was mag das sein? Andere aber machten sich lustig und sagten: Von Süßwein sind sie vollgelaufen!« (Apg 2,1–13).

Der große evangelische Theologe Jürgen Moltmann (*1926) sagt: »Wer nicht auf Wunder hofft und sich nicht überraschen lässt, ist kein Realist.«[79] Das galt damals – und das gilt heute. Was ist an Pfingsten passiert? Die verschlossenen Türen und Fenster wurden aufgerissen. Die Weigerung der Vertrauten Jesu, wieder unter die Leute zu gehen, und ihre Unfähigkeit, über die eigenen Probleme hinauszusehen, waren plötzlich wie weggeblasen. Die stickige Luft der Resignation und der Trauer ist abgezogen, und ein frischer Wind der Hoffnung und Freude ist reingeweht in ihr Denken und Handeln. Sie sagen und tun nicht, was alle sagen und tun. Sie sind nicht normal und bringen gerade so Leben in die vielen Baustellen – prophetisch knisternd.[80]

In der von einer österreichischen Politikerin im Sommer 2023 losgetretenen Diskussion, wer »normal« sei, konnten wir in der Propstei eine ungewohnte Position einnehmen und über die Tageszeitung *Vorarlberger Nachrichten* bekanntgeben. Die Propstei St. Gerold ist speziell. Eines ist bald einmal klar: Wir sind nicht normal. Und wir sind stolz darauf. Wären wir normal, hätten wir keine Existenzberechtigung. Denn in Vorarlberg gibt es genügend Angebote verschiedenster Richtungen und Ausprägungen: Kulturveranstaltungen, Bildungsangebote, Erholungsräume, soziales Engagement, Kunstwerke, Spirituali-

---

79 Jürgen Moltmann, *Hoffnung für eine unfertige Welt*, Ostfildern 2016, 145.
80 Vgl. dazu: Martin Werlen, *Prophetisch knisternd*. In: Hanspeter Schmitt (Hg.), *Kirche, reformiere dich!. Anstöße aus den Orden*, Freiburg i. Br. 2019, 180–190.

tät. Die Konkurrenz ist groß. Wenn wir anbieten würden, was bereits andere zur Verfügung stellen, hätten wir keine Chance.

Klagen bringt uns nicht weiter. Wir müssen durch das überzeugen, was wir anbieten. Bei uns kommt das Gewohnte auf ungewohnte Weise zur Sprache. Also nicht normal. Die Kunstwerke ecken an, lassen aufhorchen, überraschen und bewegen. Unsere Herausforderung ist es, bei allen Baustellen prophetisch knisternd zu sein. Wir bemühen uns nicht, etwas zu tun, weil es immer so war. Im Gegenteil. Es kommen Leute zu uns, weil sich bei uns von einem Besuch zum anderen viel bewegt. Hier lernen Menschen, dass wir alle unsere Baustellen haben, und werden ermutigt, miteinander daran zu arbeiten. Wir tun nicht, was alle tun. Wir versuchen, das zu tun, was jetzt nötig ist. Wir bemühen uns, zu sagen und zu tun, was jetzt fehlt und in der Gesellschaft und in der Kirche zu kurz kommt. Da gibt es viel Spielraum. Das kommt uns zugute.

Das hier Gesagte gilt für alle an Gott glaubenden Menschen. Auf dem großen Markt der Lebenshilfen und der Anbieter von Sinn haben wir nur eine Existenzberechtigung und Chancen, wenn wir nicht normal sind. Wir dürfen das zu den Menschen tragen, was heute unter die Räder kommt. Wir dürfen für die Menschen einstehen, die verachtet werden. Wir dürfen dort Veränderungen anregen, wo alles festgefahren ist. Wir verabschieden uns dort vom Gewohnten, wo es der Lebensqualität anderer Menschen schadet – auch wenn wir es uns fast nicht mehr anders vorstellen können. Das Normale gibt es zur Genüge. Es führt dazu, dass wir in Sackgassen stehen bleiben und klagen. Doch wir haben mehr zu bieten. Am Pfingstfest trifft uns die Heilige Anhauche so richtig fest.

Bausteine für Gottesdienste

Wenn das Bild der Baustelle für die Kirche und für unser Leben ankommt, wird das auch in den Gottesdiensten erfahrbar. Gerade da ist Kreativität gefordert. Mit dem Mühsamen und dem Faszinierenden der Baustellen kann jeder Mensch in seinem Erfahrungshintergrund angesprochen werden. Als wir in der Propsteikirche das Fest der heiligen Edith Stein feierten, waren wir inmitten von zwei großen Baustellen: auf einer Seite der Friedhof, auf der anderen Seite das historische Propsteigebäude. Die Arbeit war sichtbar, hörbar und in den Erschütterungen auch fühlbar. So kann man doch keinen Gottesdienst feiern!, würden die meisten Leute meinen. Selbstverständlich kann man. Gottesdienste, die diesen Namen verdienen, finden nie in der sterilen Abgeschiedenheit statt. Darum haben wir den Handwerksbetrieben nie Einhalt geboten während der Gottesdienste, wie das meistens geschieht. Gerade die Erfahrung der Baustellen vor Ort ließ uns die Baustelle der Philosophin entdecken, die diese als Glaubenszeugin und Märtyrin der Naziherrschaft erfuhr – und bestand.

Wer sich heute neu in die Nachfolge Jesu Christi begibt, wird auch im Gottesdienst nicht die eigene Macht und Herrlichkeit feiern, sondern im Chaos unserer Zeit Gott suchen, auf ihn hören, mit ihm ringen, ihm die Not ins Angesicht klagen, ihn feiern.[81] Wie der Glaube, so ist auch der Gottesdienst in irdenen, zerbrechlichen Gefäßen (vgl. 2 Kor 4,7). Aufgrund der Baustellenerfahrungen in seinem Leben schrieb Andreas Knapp (*1958) das sehr empfehlenswerte Buch mit dem Titel:

---

81 Vgl. Martin Werlen, *Gebet*. In: Manuel Herder (Hg.), *Was kommt. Was geht. Was bleibt. Kluge Texte über die wichtigsten Fragen unserer Zeit*, Freiburg i. Br. 2023, 202–204.

Vom Segen der Zerbrechlichkeit. Grundworte der Eucharistie. All unser Beten fordert uns heraus. »Kirche ist ein Provisorium – und deshalb hält sie auch schon so lange … Die Kirche entsteht als ›ekklesia‹, als Gemeinschaft der ›Herausgerufenen‹.«[82] Wenn wir das nicht mehr verstehen und wahrhaben wollen, »dann wird die Kirche sesshaft und Großgrundbesitzerin. Sie versteht sich nicht mehr von der Mobilität des wandernden Gottesvolkes her, sondern wird Verwalterin von Immobilien. Die Kirche wird identifiziert mit dem Gebäude; also mit einem gemauerten, steinernen Komplex. Der Tabernakel erhält einen festen Platz – und man vergisst, dass ›tabernaculum‹ eigentlich ›Zelt‹ bedeutet, das immer wieder abgeschlagen wird, weil das Volk Gottes, das neue Israel, aufbricht und unterwegs bleibt. In einer gesetzten Kirche mit ihren Standorten wächst auch die Tendenz, das Glaubensgebäude auf Standpunkte zu fixieren, in Dogmen und Lehrsätzen. Es wird etwas festgesetzt und festgelegt. Doch nur im Wandel kann sich die Kirche treu bleiben, denn Gott zeigt sich als ein Gott der Geschichte und wandert mit seinem Volk. … Bei aller Notwendigkeit von Strukturen und Institutionen darf die bleibende Fremdheit nicht vergessen bleiben.«[83] Da ist klar, dass ein Haus, das sich als eine über alles triumphierende Festung versteht, völlig fehl am Platz ist.

Bereits bei der Vorbereitung von Gottesdiensten und bei der Begrüßung der Mitfeiernden ist es vorteilhaft, sich das Mühsame und das Faszinierende an Baustellen vor Augen zu halten. So fühlen sich alle angesprochen. Das Bild der Baustelle hilft, das Wort Gottes ganz neu und aktuell zu entdecken. Die Fürbitten werden zu einem Ort, wo Menschen die Baustellen

---

82 Andreas Knapp, *Vom Segen der Zerbrechlichkeit. Grundworte der Eucharistie*, Würzburg 2018, 173.

83 Ebd.

vor Gott zur Sprache bringen können. Wenn wir die Heiligen von den Sockeln nehmen, werden sie zu unseren Weggefährtinnen und -gefährten. In den Gebeten kann das Bild leicht aufgenommen werden, zum Beispiel:

Guter Gott
Du traust uns viele Baustellen zu.
Gib uns den Mut, miteinander an die Arbeit zu gehen.
Wir wollen die verschiedenen Talente,
die du uns anvertraut hast, zum Aufbau einsetzen.
Stärke uns, wo wir zu ermatten drohen
und schenke uns die Freude, deine Mitarbeitenden zu sein.
Darum bitten wir durch Jesus Christus, unseren Herrn.
Amen.

Und was machen wir mit dem Lieblingslied so vieler Glaubenden *Ein Haus voll Glorie schauet*? Mit meinem Mitbruder P. Christoph Müller habe ich mich darüber intensiv ausgetauscht und ihn gebeten, einen neuen Text zur gleichen Melodie zu schreiben.

Ein Haus im Bau verkündet
weit über alle Land:
Der Herr, der stets dran bauet,
vertraut auf Lehm und Sand.

Er baute nicht Paläste
der Mann aus Nazareth.
Bereit steht für die Gäste
vielmehr ein Lazarett.

Gar alle sind willkommen,
ob arm, ob fremd, ob Kind;
die Sünder und die Frommen,
die auf der Suche sind.

Er braucht an seiner Seite
nicht Mitra noch Birett.
Er ruft stets schwache Leute
zu sich ins Lazarett.

Denn dieses ist erbauet
auf Jesus Christ allein.
Wenn es nur auf ihn schauet
wird es im Frieden sein.

Sein wandernd Volk will leiten
der Herr in dieser Zeit.
Er hält am Ziel der Zeiten
dort ihm ein Zelt bereit.

Refrain:
Gott wir loben dich, Gott wir preisen dich.
Lass fest auf diesem Grund
uns steh'n zu aller Stund.

In der Fremde leben

Viele Pfarreien sind Baustellen. Unzählige Fragen sind nicht geklärt. Vieles läuft nicht so, wie man es gerne hätte. Nicht wenige fühlen sich unwohl und nicht abgeholt. Die meisten Dazugehörenden fehlen am Sonntag genau an dem Ort, den das Zweite Vatikanische Konzil als die Quelle und den Höhepunkt allen christlichen Lebens bezeichnet: die Feier der Eucharistie. Diese Liste könnte man noch lange weiterführen. Für viele ist die Pfarrei alles andere als ein gemütlicher Ort, ein angenehmes Daheim.

Mit »paroikía« – »Pfarrei« – bezeichnete man in den ersten Jahrhunderten die Bischofsgemeinde. Für die frühchristliche Zeit war es selbstverständlich, dass die Kirche eine Bischofskirche ist und sich vor allem darin verwirklicht, dass der Bischof der Eucharistie vorsteht. Eucharistie, Kirche und Bischofsamt bildeten eine Einheit. Als die Zahl der Getauften größer wurde, mussten Pfarreien gebildet werden, in denen der Bischof nicht mehr selbst der Eucharistiefeier vorstehen konnte. Ein Priester übernahm diese Aufgabe. So ist es auch heute noch: Im Auftrag des Diözesanbischofs nehmen Männer und Frauen die Seelsorge in einer Pfarrei wahr. Und im Hochgebet der Messe beten wir immer in Gemeinschaft mit dem Bischof der Diözese und dem Bischof von Rom.

Aber was sollte eine Pfarrei eigentlich sein? Das griechische Wort »paroikía« heißt genau übersetzt: »Aufenthalt in der Fremde« – »Fremdsein in der Welt«. Eine Pfarrei ist also gerade nicht ein warmes, gemütliches Nest, sondern doch eher eine Baustelle. Soweit ich das nachverfolgen kann, hat Papst Franziskus den Ausdruck »Baustelle« im Zusammenhang mit der Kirche zum ersten Mal in Bezug auf Pfarreien und andere kirchliche Gemeinschaften gebraucht: »Wie schön, wenn unsere Gemeinschaften Baustellen der Hoffnung sind!«[84] Das war am 6. Mai 2019 auf seiner Bulgarien-Reise in Rakowski.

Wir Christinnen und Christen sind auf dem Pilgerweg unseres Lebens. Wir wollen nicht stehen bleiben, sondern dem Ziel unseres Lebens entgegengehen: der ewigen Gemeinschaft mit dem dreifaltigen Gott. Wir wollen uns nicht dem anpassen, was für uns oder für andere am bequemsten ist, sondern das suchen, was uns wirklich ans Ziel bringt, auch wenn es uns einiges kostet. Das ist nicht immer sehr gemütlich. Das ist tatsächlich oft auch Erfahrung des Fremdseins, des Nichtverstandenwerdens. Das Ziel der Pfarrei ist es nicht, es miteinander schön zu haben, sondern Baustelle Gottes zu sein. Gott ist der Baumeister. Der heilige Paulus ruft uns sogar zu, dass wir in der Taufe Gottes Bau geworden sind. Auf Gott wollen wir hören, damit der Bau auch tatsächlich in seinem Sinn gelingen kann. Dabei müssen wir immer wieder eigene Interessen zurückstellen.

Statt die Kirche zu lieben, lieben wir oft das Idealbild, das wir von ihr haben. Statt die Gemeinschaft zu lieben, lieben wir das Idealbild, das wir von der Gemeinschaft haben. Statt den Bruder oder die Schwester zu lieben, lieben wir das Idealbild, das wir von einem Menschen haben. Der Theologe und Märtyrer Dietrich Bonhoeffer hat uns dazu einiges zu sagen, das unsere Vorstellungen von Gemeinschaft ganz gehörig durcheinanderbringen und evangelisieren kann: »Wer seinen Traum von einer christlichen Gemeinschaft mehr liebt als die christliche Gemeinschaft selbst, der wird zum Zerstörer jeder christlichen Gemeinschaft, und ob er es persönlich noch so ehrlich,

---

84 https://www.vatican.va/content/francesco/de/speeches/2019/may/documents/papa-francesco_20190506_bulgaria-cattolici.html.

noch so ernsthaft und hingebend meinte. … Wer sich das Bild einer Gemeinschaft erträumt, der fordert von Gott, von dem Andern und von sich selbst die Erfüllung. Er tritt als Fordernder in die Gemeinschaft der Christen, richtet ein eigenes Gesetz auf und richtet danach die Brüder und Gott selbst. Er steht hart und wie ein lebendiger Vorwurf für alle anderen im Kreis der Brüder. Er tut, als habe er erst die christliche Gemeinschaft zu schaffen, als solle sein Traumbild die Menschen verbinden. Was nicht nach seinem Willen geht, nennt er Versagen. Wo sein Bild zunichte wird, sieht er die Gemeinschaft zerbrechen. So wird er erst zum Verkläger seiner Brüder, dann zum Verkläger Gottes und zuletzt zu dem verzweifelten Verkläger seiner selbst. Weil Gott den einzigen Grund unserer Gemeinschaft schon gelegt hat, weil Gott uns längst, bevor wir in das gemeinsame Leben mit anderen Christen eintraten, mit diesen zu einem Leibe zusammengeschlossen hat in Jesus Christus, darum treten wir nicht als die Fordernden, sondern als die Dankenden und Empfangenden in das gemeinsame Leben mit andern Christen ein. Wir danken Gott für das, was er an uns getan hat. Wir beschweren uns nicht über das, was Gott uns nicht gibt, sondern wir danken Gott für das, was er uns täglich gibt. Wo die Frühnebel der Traumbilder fallen, dort bricht der helle Tag christlicher Gemeinschaft an.«[85] Das passt bestens zu dem Weg vom Traumbild des Hauses voll Glorie zur realistischen Wahrnehmung von Kirche als Baustelle in der Wirklichkeit unserer Zeit.

---

85 Dietrich Bonhoeffer, *Gemeinsames Leben. Das Gebetbuch der Bibel*, München 1987, 23–25.

Der Frust mit der Lust

Zur Wirklichkeit unseres Lebens gehört auch die Sexualität. Damit hat's die Kirche bei vielen Menschen verspielt. Sie hat Menschen in große Gewissensnöte gebracht. Sie hat sogar Leben zerstört. Nicht wenige Menschen denken an die Sexualität, wenn sie das Wort »Sünde« hören. Wolfgang Metz (*1978) äußert sich über diese Erfahrung als Seelsorger: »Ich bin es so leid, mir im Beichtstuhl private Dinge aus dem Bereich der Sexualität anzuhören und gleichzeitig miterleben zu müssen, wie sich Menschen dabei kasteien und schämen, und ich mir allzu oft dabei denke, nein, davon überzeugt bin, dass Gott nichts Falsches daran sieht und sich diese Menschen ihr Leben nur schwermachen, weil wir (die Kirche) ihnen diesen Mist eingetrichtert haben, dass Sex vor der Ehe, Masturbation oder alles außer Heterosexualität böse ist.«[86]

Was haben wir da angestellt! Zu diesem Geschenk Gottes hat die Kirche leider nicht mehr viel zu sagen. Das ist ein großes Versagen. Wer wirklich bei den Menschen ist, kann nicht an den Menschen vorbeisprechen. Dasselbe gilt für den Umgang mit wissenschaftlichen Erkenntnissen. Eine Kirchenlehre, die statisch ist, verabschiedet sich vom Leben. Der Umgang mit Menschen, die in Bezug auf die Sexualität nicht in die vorherrschenden Schemata passen, ist himmeltraurig. Die Lehre der Kirche zur Homosexualität hat ihre Glaubwürdigkeit verloren.[87]

---

86 Wolfgang Metz, *Notwendige Unruhe. Über Kirche, Sexualität und Freiheit*, Würzburg 2022, 11.

87 https://www.thetablet.co.uk/editors-desk/1/22771/a-church-teaching-with-shaky-foundations.

Entgegen allen Versuchen vieler Theologinnen und Theologen[88], die Verhärtungen in der Sexualmoral aufzubrechen, ist das bisher in der offiziellen Lehre nicht gelungen. Wir haben immer noch ein System im Mittelpunkt, das verteidigt wird und das vor allem Nein sagt. Es gibt Kreise in der Kirche, die die Unbeweglichkeit in diesem Bereich als Probe der Rechtgläubigkeit betrachten. In pharisäischer Weise geben Äußerlichkeiten den Ton an. Wichtig ist, dass ein Paar verheiratet ist. Wie die Beziehung gelebt wird, interessiert kaum, selbst wenn das »Miteinander« die Hölle ist.

Die Sexualität gehört zu den starken Kräften. Wird der Umgang damit als Baustelle betrachtet, kommt Lust in den Frust. Dann sind alle herausgefordert zu der Arbeit, diese Kraft in Verbindung mit dem Geschenk der Liebe zu kultivieren. Tabuisierung oder einfach Pflege von Fassaden reichen nicht mehr. Das richtige Papier vorweisen zu können genügt nicht. Es geht um Liebe und ihre das Leben verändernde Kraft.

Seit Papst Franziskus tauchen immer wieder neue Ansätze auch von höchster Stelle auf – obwohl sich kaum mehr jemand dafür interessiert. Die zaghaften Äußerungen und Zeichen werden höchstens belächelt. Es ist zu spät. In dem Schreiben *Amoris laetitia*[89] wagt Papst Franziskus einen grundsätzlich positiven Ansatz. Immer wieder trifft er queere Menschen. Doch die Angst vor Menschen, die von den Dämonen der Angst vor der Sexualität besessen sind, lässt ihn offensichtlich vor größeren Schritten zurückschrecken. In einem Interview zeigt er sich

---

88 Zum Beispiel: Eberhard Schockenhoff, *Die Kunst zu lieben. Unterwegs zu einer neuen Sexualethik*, Freiburg i. Br. 2021; Martin M. Lintner, *Christliche Beziehungsethik. Historische Entwicklungen – Biblische Grundlagen – Gegenwärtige Perspektiven*, Freiburg i. Br. 2023.

89 https://www.vatican.va/content/francesco/de/apost_exhortations/documents/papa-francesco_esortazione-ap_20160319_amoris-laetitia.html.

bewusst, dass ideologische Seelsorge schade. »Wenn man eine Gruppe junger Menschen zusammenbringt, die nichts mit der Kirche zu tun haben, und sie für etwas zusammenbringt, das sie anspricht und das ihnen gefällt, bringt man sie näher an Jesus und das Evangelium. Aber wenn man mit ihnen nur über die Keuschheit redet, vergrault man sie alle!«[90]

Diese neuen Ansätze sind nicht neu für diejenigen, die die Spiritualitätsgeschichte nur ein wenig kennen. Die Sexualität spielt immer wieder eine wichtige positive Rolle. So wird die intensive Beziehung mit Gott mit der Liebesbeziehung zwischen Menschen verglichen. Die Bibel bringt bedenkenlos erotische Bilder zur Sprache. Denken wir nur zum Beispiel an das Hohelied der Liebe. Der Mystiker Meister Eckhart (um 1260–1328) sagt ohne Scheu: »Gott müssen wir begegnen wie ein Nackter einem Nackten.« Der begnadete Bildhauer Gian Lorenzo Bernini (1598–1680) stellt die engste Verbindung zwischen der heiligen Teresa von Ávila und Gott (1515–1582) offensichtlich mit einem Orgasmus der großen Mystikerin dar – und das in der römischen Kirche Santa Maria della Vittoria. Bernini stützt sich dabei auf die Selbstbekenntnisse der großen Heiligen. Künstler haben in ihren Werken manches dargestellt, worüber sich die Männer der Kirche nur im Verborgenen gefreut haben – oft haben sie es auch in Auftrag gegeben. Die aufgrund ihres großen Erfolgs im Frühling 2023 verlängerte Ausstellung »Verdammte Lust« im Diözesanmuseum Freising hat diese besondere Baustelle vor Augen geführt, die in der Kirche noch nicht mutig genug angegangen wird.[91] Das ist gewiss: An Interesse würde es nicht fehlen. Die Ausstellung hat das zur Genüge gezeigt.

---

90 https://www.vaticannews.va/de/papst/news/2023-08/papstinterview-franzis-kus-vida-nueva-jugend-keuschheit-vergrault.html.
91 Marc-Aeilko Aris / Christoph Kürzeder / Steffen Mensch / Carmen Roll (Hg.), *Verdammte Lust. Kirche. Körper. Lust*, München 2023.

Ekstasen der Freude

Künstlerinnen und Künstler sind in besonderer Weise dazu berufen, die Nöte und die Freuden der Menschen wahrzunehmen und unsere Augen, Ohren und Herzen dafür zu öffnen. Wie viele Künstlerinnen und Künstler stellen direkt oder indirekt Baustellen dar und bringen sie so ins Gespräch! Sie helfen uns, einen liebevollen Blick darauf zu werfen. Vor allem seit der Gotik hat sich das verändert. Vorher waren vorzüglich das Heile und die Glorie im Vordergrund. Dies lässt sich leicht entdecken im Vergleich der Kreuzesdarstellungen. Waren sie in der Romanik mit kostbaren Edelsteinen geschmückt, hat in der Gotik auch das Leiden seinen Platz. Das war tatsächlich ein Weg vom Haus voll Glorie zum Lazarett. Ein eindrückliches Beispiel für Letzteres ist der Isenheimer Altar im elsässischen Colmar in einem Haus für schwer Erkrankte. Von dieser Darstellung fühlten sich die Menschen in ihrer eigenen Not angesprochen und aufgenommen.

Der österreichische Künstler Friedrich Hundertwasser (1928–2000) bringt es fertig, langweilige oder sogar fürchterliche Gebäude zum Leben zu erwecken, sodass sie Menschen aufatmen lassen und zum Schmunzeln bringen. Er setzte sich für eine natur- und menschengerechtere Architektur ein. Da ist nicht alles gerade, so wie es immer war. Die Pfarrkirche Bärnbach in der Steiermark ist ein Beispiel für eine Kirche, die mit den Menschen auf dem Weg ist. Entstanden in der eher phantasielosen Nachkriegszeit ist daraus mit der Umgestaltung durch Hundertwasser (1987/88) ein weltbekanntes Zeichen geworden, an dem sich die frommen Geister heute noch scheiden. Eindrücklich ist auch, was der Künstler aus der Müllverbrennungsanlage Spittelau in Wien entstehen ließ.

Sie darf sich – anders als fast alle anderen Müllverbrennungsanlagen – sehen lassen und wird sogar gezielt aufgesucht. Baustellen haben Hundertwasser inspiriert.

Roland Haas (*1958) aus dem Vorarlberger Montafon, der von Kreativität sprudelt, malt faszinierende Baustellen. Die Bilder sind gefragt, gerade weil sie Bilder unseres Lebens sind: faszinierend und erschreckend zugleich. Ich verstehe, warum sich Menschen darum reißen. Wer die Faszination und das Erschrecken der Baustellen jetzt durch die Lektüre ein wenig kennengelernt hat, kann vielleicht die Aufforderung des in Zürich lehrenden Theologen Thorsten Dietz (*1971) verstehen, »die Erotik der Baustelle lieben zu lernen«.[92] Das Unvollendete führt uns nicht vom Leben weg, wie wir meistens meinen, sondern zum Leben hin.

Der deutsche Komiker Karl Valentin (1882–1948) bringt es mit seinem unverwechselbaren Humor auf den Punkt: »Ich freue mich, wenn es regnet, denn wenn ich mich nicht freue, regnet es auch.« Mit seiner 9. Symphonie hat Ludwig van Beethoven (1770–1827) diese tiefe Einsicht zu einem der weltweit bekanntesten Musikstücke gemacht: dem Schlusschor mit der *Ode an die Freude* von Friedrich Schiller (1759–1805). Diese Vertonung ist eine Ekstase der Freude in der schlimmsten Situation für einen Musiker wie Beethoven. Er war bereits völlig ertaubt, als er dieses Werk schrieb. Die Ode der Freude wird mit folgenden Worten eingeleitet: »O Freunde, nicht diese Töne! Sondern lasst uns angenehmere anstimmen und freudenvollere. Freude! Freude!« Ist man sich der Baustelle des Komponisten bewusst, ertönt der Chor in einer noch viel überwältigenderen Dimension. Bei der Uraufführung dieses Werkes am 7. Mai 1824 in Wien saß Beethoven mit dem Rü-

92   Moritz Findeisen, *Wenn weniger mehr ist.* In: *Christ in der Gegenwart* 33/2023, 7.

cken zum Publikum und las den Sängerinnen und Sängern die Worte vom Mund ab. Am Schluss brach ein tosender Applaus los. Eine Sängerin nahm den Komponisten am Arm und drehte ihn um, sodass er das Publikum sehen konnte. Als er die begeisterten Menschen erblickte, verbeugte er sich dankend. Tatsächlich können wir auch aus Steinen, die uns – von wem auch immer – in den Weg gelegt werden, Großartiges bauen.

Durchs Schlüsselloch

Es gibt viele vorbildliche Baustellen, zugleich erschreckend und faszinierend, die wir nur zufällig entdecken. Es wird uns sozusagen ein Blick durchs Schlüsselloch gewährt.

Eine Familie, die ich durch mein Gezwitscher auf den Social Media kennenlernen durfte, ist mir Vorbild in meinen Baustellen. Der Ehemann und Vater schreibt mir:

Lieber Pater Martin,
zu Deinem heutigen Geburtstag gratuliere ich Dir von ganzem Herzen!! Ich hoffe, Du wirst von der Gemeinschaft getragen und gefeiert heute. Entschuldige, dass ich etwas rar war – wir werden immer noch ein wenig vom Leben getestet. Evelyne hat die zweite Hirntumor-Operation vom Sommer gut überstanden und fasst wieder Fuß. Meine Speicheldrüsen-Tumore wurden erfolgreich entfernt und die Lungenentzündung ist langsam überstanden. Nun müssen wir noch Aufräumen vom Einbruch, wo wir ausgeraubt wurden. Es bleibt noch einiges zu tun und ich konzentriere meine Kraft darauf, meine Familie mit gutem Humor und Zuversicht durch das Leben zu tragen. Wenn Du mal in der Schweiz bist, würde ich mich freuen, Dich zu sehen. Herzlichst und viel Freude am heutigen Tag! Möge die Sonne und Gott mit Dir sein.
Herzlichst, Sven.

Was konnte ich dazu sagen? Mir kamen Tränen – aus Trauer und Ärger, aber auch aus Betroffenheit und aus Freude. So antwortete ich kurz:

Lieber Sven,

danke für dein Lebenszeichen und deine Wünsche! Ihr seid ganz gehörig gefordert. Das tut mir leid. Hoffentlich erhaltet ihr auch immer die nötige Kraft, um gut auf dem Weg zu bleiben. Gerne denke ich an unsere gelegentlichen sonntäglichen Frühstückstreffen zurück. Wollt ihr nicht einmal ein paar Tage zum Aufatmen hier verbringen? Im Gebet mit euch verbunden,

P. Martin.

Auch die nächste Rückmeldung ist von einer Kraft in dieser Baustelle getragen, die mich tief berührt:

Lieber Pater Martin,

danke Dir für Deine Gebete und Deine Gedanken. Im Moment nehmen wir Schritt für Schritt und Tag für Tag, nehmen die Herausforderungen an, sind dankbar für all die Geschenke und guten Geschichten des Lebens und versuchen mit Humor und Ruhe das Leben zu gestalten. Wenn alles klappt, dann geht meine Tochter bald für ein Jahr nach Kanada und mein Sohn schließt die Matura mit einer Reise nach Neuseeland ab. Dann gönnen wir uns vielleicht tatsächlich eine Auszeit. Gerne würde ich mich mit Dir beim Frühstück austauschen. Falls Du in der Schweiz bist, freue ich mich über ein Zeichen.

Herzlichst Sven.

Selbst in dieser schwierigen Situation ist die Familie von Dankbarkeit geprägt und hat den Blick für die anderen nicht verloren. Auf meine Mitteilung, dass ich am folgenden Tag in der Schweiz in einiger Entfernung einen Vortrag halte, schreibt Sven zurück:

Lieber Pater Martin – danke vielmals!
Weit weg ist zwar kein Hindernis, aber ich habe am
Freitagabend eine Tischgemeinschaft eingeladen und
koche für liebe Freunde, die uns während den Hirntumor-
geschichten unterstützt haben, als Dankeschön. Der Vor-
trag klingt sehr spannend.
Herzlichst Sven.

In den vergangenen Jahren musste ich mehrmals kürzere oder längere Zeit im Krankenhaus verbringen. Als Benediktiner von Einsiedeln haben wir die normale Krankenversicherung. Welchen Baustellen man in einem Viererzimmer begegnet! Wir durften einander kennenlernen und die Erfahrungen austauschen. Die Not und das Leiden verbanden uns. Jedesmal war ich überrascht, wenn ich Angehörige meiner Zimmergenossen kennenlernte, von denen ich zuvor nur im Gespräch oder über die Anrufe etwas mitbekommen hatte. Auch die Vielfalt im Personal war beeindruckend. Darunter Leute, die mit Herz und Seele dabei waren, und andere, »die zu den Menschen gehen«. Da war an einem Tag eine Frau, die mit ganzer Hingabe den Raum reinigte, und am anderen Tag eine, der man dankbar sein konnte, dass sie nicht einmal den Staub aufwirbelte.

Mit einem besonderen Original führte ich im Krankenzimmer tiefe philosophische Gespräche. Über sich selbst meinte er: »Ich habe zwar nicht studiert, aber ich mache mir halt auch so meine Gedanken.« Als der Arzt sich nach seinen Rückenschmerzen erkundigt hatte, kam er zu dem Resultat, dass diese positionsbedingt seien. »Positionsbedingt«, antwortete mein Zimmernachbar ergriffen, »das ist das richtige Wort.« Kaum war der Arzt aus dem Zimmer, hatte er allerdings das Wort wieder vergessen und bat mich, es ihm noch einmal zu sagen. Tatsächlich: Dieses Wort werde ich nicht so schnell vergessen, denn alles, was wir tun und lassen, ist positionsbedingt. Auch und besonders auf Baustellen.

Anpacken. Jetzt und hier!

An vielen Orten sind wir aufgerufen, jetzt anzupacken. Das führt uns bei vielen Fragen weg von Polarisierungen. Denken wir an die ganz praktischen Problemfelder Menschlichkeit, Gerechtigkeit, Frieden, Sorge für das gemeinsame Haus, Geschlechtergerechtigkeit und viele andere.

Es reicht nicht, darüber zu schreiben oder zu lesen. Oft fallen auch die Wörtchen »wenn« oder »aber«, um sich zu drücken. Doch es braucht das Handeln: den kreativen Einsatz vor Ort. Der heilige Benedikt listet in seinem Leitbild für Mönche in einem Kapitel die Instrumente auf, mit denen das Gute getan wird. Und am Schluss kommt er auf die Baustelle zu sprechen: »Die Werkstatt aber, in der wir das alles sorgfältig verwirklichen sollen, ist der Bereich des Klosters und die Beständigkeit in der Gemeinschaft« (RB 4,78). Also: Unsere Werkstatt ist der Ort, wo wir sind.

Ganz konkret: Das Leben in der Propstei St. Gerold ist auch in einer gewöhnlichen Woche ungewöhnlich und voller Überraschungen. Einfach so, wie es auf großen Baustellen ist. In der klosterinternen, länderübergreifenden Kommunikationsplattform habe ich eine Woche einmal so zusammengefasst: »Die Woche beginnt mit einer Taufe (Tauffamilie aus der Schweiz) und schließt mit einer Abschiedsfeier eines evangelischen Christen aus einer anderen Ortschaft, der sich aber in der Propstei immer zuhause fühlte. Dazwischen gibt es Gottesdienste, eine Online-Konferenz mit Einsiedeln, Aufnahmen mit Radio und Fernsehen ORF, Besprechungen, Gespräche mit Gästen, Sitzung der Baukommission, Geistliche Begleitungen, Führung und Gespräch mit Architekturstudierenden aus Stuttgart, Impulse für drei Firmenseminare, das Puppentheater

›Hans im Glück‹ vor ausgebuchtem Wyberhus, das Taizégebet und einen heftigen Sturm, der einen Teil des Gerüstes an der Ostseite ausknicken lässt. Nach dem Eindunkeln saniert das Gerüstunternehmen mit Scheinwerfern das Gerüst. Jetzt ist alles wieder im Lot. Wir gehen gut gerüstet ins Wochenende und freuen uns auf die nächste Woche.«

Nur im Miteinander können die Herausforderungen der Baustelle angegangen werden. Da stehen die Versuchungen jener, die sich im Haus voll Glorie wähnen, und jener, die das Haus voll Glorie versprechen, immer im Weg. Der Populismus verspricht das Haus voll Glorie, wenn man den Herausforderungen der Baustelle entflieht. Ideologien entlarven sich darin, dass sie sich den Baustellen nicht stellen. In den Verschwörungstheorien werden die Baustellen geleugnet oder die bösen Mächte dahinter an die Wand gemalt.

So vieles steht an und ruft nach Arbeiterinnen und Arbeitern. Was kann uns motivieren? Vergessen wir es nicht: Baustellen sind Orte der Gotteserfahrung. Wie dem heiligen Franz von Assisi ruft Gott auch uns zu: »Bau meine Kirche auf!«

Gott begegnen, Gott erfahren?

Viele Menschen denken leider nicht an Baustellen, wenn sie Gott begegnen und erfahren möchten. Vielmehr bedauern sie es, dass sie auf einer riesigen Baustelle hocken, und träumen vom Haus voll Glorie. Noch einmal sei daran erinnert: Wir müssen Baustellen nicht herbeisehnen und suchen. Wir dürfen uns ihnen schlicht und einfach stellen. Sie werden uns zugemutet. Meistens ist das schon mehr als genug. Lotte Dorowin-Zeissl (1920–2008) war acht Monate im KZ Ravensbrück, dem größten Konzentrationslager für Frauen. Über diese schreckliche Zeit sagte sie in einem Vortrag in der Propstei St. Gerold: »Man hat uns oft gefragt: ›Wie hat euer Glaube dem standgehalten? Habt ihr nicht verzweifelt gefragt: Wo ist Gott?‹ Ich kann dazu keine allgemein gültige Antwort geben, und schon gar keine theologische. Es ist die ewige, unbeantwortete Frage nach dem Sinn des menschlichen Leidens. Ich kann nur ganz persönlich etwas sagen. Er ist mir und vielen meiner Freundinnen, das weiß ich, greifbarer und näher erschienen als je im Leben vorher oder nachher. Vor allem erschien Er mir immer wieder in den Menschen. Da waren die ganz, ganz armen, ausgemergelten, mit Geschwüren und Krätzen bedeckten Körper, von den Läusen zerfressen, mit aufgedunsenen Bäuchen und Gesichtern, denen man wenig genug helfen konnte. Aber man konnte das tun, wovon Christus von uns erwartet, dass man es seinen ärmsten Brüdern tut. Das waren seine allerärmsten Schwestern. Und da waren die anderen, denen es besser ging, die in Christi Namen mir und vielen andern geholfen haben mit dem Vorbild, mit der Ermutigung, und auch mit allerlei physischer Hilfe. Wenn ich am besten das ausdrücken könnte, was ich sagen will, so möchte ich sagen, dass wir hier in St. Gerold ein wunderbares Symbol dafür haben. Es ist die Christus-gestalt auf dem großen Altarbild. Er ist so arm und ausgeliefert, wie wir es waren, wie jeder leidende Mensch es ist, und noch dazu hat er keine Hände und keine Füße. Da hat er sich unsere Füße ausgeborgt, wir haben ihn bis in die letzten Enden des Lagers getragen. Wenn wir wussten, eine Freundin wird heute Nacht sterben, sie braucht noch ein Trostwort, sind wir ge-laufen, auch wenn es ein Typhusblock war. Man hat gewusst, dieser Freundin ist heute das ganze Essen gestohlen worden, sie wird verhungern, wenn wir ihr nicht helfen; und man ist gelaufen, obwohl man wusste, die grausamste Aufseherin mit ihrer langen Peitsche hat heute dort Dienst. Er hat sich unserer Hände bedient, um den Ärmsten das Brot zu brechen und ihre furchtbaren Wunden zu verbinden. Ich glaube, ich kann mit vollem Recht sagen: Wir waren seine Hände und Füße, und dadurch war ER immer mitten unter uns.«[93]

Konzentrationslager sind fürchterliche Baustellen. Und doch gibt es Menschen, die selbst dort tiefe Erfahrungen ge-macht haben. Ein eindrückliches Beispiel dafür gibt uns auch P. Konrad Just (1902–1964) aus dem Zisterzienserstift Wilher-ing in Österreich, der wegen seines Widerstandes gegen den Nationalsozialismus ins Konzentrationslager kam. So schreibt er über die Erfahrung, als in Dachau eine Kapelle eingerichtet wurde: »Das Unerhörte wird wahr. Der Herrgott hält Einzug in Dachau. In dieser Hölle, die Dachau war und blieb bis zum Schluss, wohnte der Herrgott vom 22. Jänner 1941 bis zur Auflösung des Lagers und darüber hinaus ununterbrochen unter den Geächteten. Er war unser treuester Freund.«[94] Wer

---

93 Lotte Dorowin-Zeissl, *Zeit der Prüfungen. Acht Monate im KZ Ravensbrück*, Wien 2019, 35–36.

94 P. Konrad Just, Zisterzienser von Wilhering, *Meine Erlebnisse in den KZ-La-gern Dachau und Buchenwald 1938–1945*, Stift Wilhering 2006, 110.

regelmäßig Gottesdienste mitfeiert, weiß wohl aus eigener Erfahrung, wie leicht wir einfach alles an uns vorbeigehen lassen können. Wir sind da und doch nicht dabei. P. Konrad schreibt über die heiligen Messen im Lager: »Ich glaube, es herrschte Katakombenstimmung« – also wie bei der Eucharistiefeier in den ersten Jahrhunderten in der Verfolgung. »Die Epistel des hl. Paulus hatte etwas Bestechendes für uns, wir meinten, Paulus rede uns an, so wirklichkeitsnah klangen die hl. Texte. Groß war die Andacht. Man hatte noch nicht genug Hostien, alles drängte sich nach vorn, um nur ein Splitterchen des so lange und so hart entbehrten Himmelsbrotes zu erhaschen. … Nun war das Unbegreifliche wahr geworden. Wie oft hatte ich in stillen Stunden mich danach gesehnt, nur noch ein einziges Mal die hl. Kommunion zu bekommen.«[95] So kann P. Konrad bekennen: »Jetzt, da alles vorüber ist wie ein böser Spuk, danken wir dem Herrgott nicht nur für die Rettung, sondern auch dafür, dass er uns das alles erleben hat lassen. Mehr als die Seminarerziehung haben uns die KZ-Jahre fürs Leben und für die Stärkung unseres Glaubens mitgegeben. Da lernten wir den Wert des praktischen Christentums, die echte Werktagsheiligkeit, lieben und schätzen.«[96]

Wer Gott erfährt, bleibt nicht hocken. Da bleibt nicht alles beim Alten. Nein, da fegt es gehörig. Diese Erfahrung wird in der Propstei St. Gerold vielen Menschen geschenkt. Sie gehen staunend, dankbar und gestärkt ihren Weg weiter. Die Baustelle steht dabei nicht im Weg. Gott sei Dank kann man auch auf Baustellen »leben lieben lernen«. Wo sonst?

---

95 Ebd., 111.
96 Ebd., 119–120.

Instrumente, mit denen das Gute getan wird

Um auf der Baustelle gut voranzugehen, braucht es Offenheit und Interesse. Der heilige Benedikt ermahnt uns, mit offenen Augen und aufgeschreckten Ohren auf dem Weg zu sein. Wer bauen will, muss bereit sein, weiterzugehen. Stehen zu bleiben bringt uns nie weiter – außer wenn wir eine Pause einlegen, um nachher umso engagierter den Weg fortzusetzen.

Dass wir Baustellen anpacken, hat oft mit Zufällen zu tun. Andere würden sagen: mit Vorsehung. Mir gefällt Zufall besser. Ich halte es da mit der französischen Sozialrevolutionärin, Philosophin und Mystikerin Simone Weil (1909–1943): Beim Sprechen von Vorsehung bin ich sofort in der passiven Rolle, bei Zufall ist von mir das aktive Mittun gefordert. Ich muss genau hinschauen und die Unterscheidung treffen, von wem es mir zufällt.

Eine Baustelle kann gelingen in dem Maße, in dem wir uns der Wirklichkeit stellen. Da genügt nicht einfach positives Denken. Dazu rufen falsche Prophetinnen und Propheten nicht nur zur Zeit des Baustellen-Propheten Jeremia auf. Das Schwierige kann nicht ausgeklammert werden. Schwierigkeiten muss man sich gemeinsam stellen.

Andererseits dürfen wir nicht beim Negativen verharren. Auch nicht beim Murren, selbst wenn die Vorbilder dazu zahlreich sind. Tatsächlich meldet sich das negative Denken, wenn wir das Positive als selbstverständlich hinnehmen. Wir sind überrascht, wenn jemand durch einen Unfall die Sprache verliert, wenn jemand einen Herzinfarkt erleidet oder wenn jemand am Rücken operiert werden muss. Müssten wir nicht vielmehr überrascht sein, dass wir sprechen können, dass unser Herz Tag und Nacht an der Arbeit ist und unser Rücken permanent immense Lasten trägt? Lernen wir neu, über die Wunder des Lebens dankbar zu staunen – auch über den Atem! Es braucht eine Faszination für das Leben in all den unterschiedlichen Lebenssituationen. Denn um Feuer entfachen zu können, muss man selbst brennend sein. Wer Herausforderungen nicht mag, ist schnell überfordert.

Ein weites Herz ist gefordert, denn die Baustellen sollen dem Ganzen zugutekommen und nicht nur meine eigenen Bedürfnisse befriedigen. Gefordert ist nicht ein Gegeneinander, aber auch nicht ein Nebeneinander, sondern ein Miteinander. So kann man sagen: Unsere Baustellen sind auch die Baustellen der anderen. Denn, wie bereits gesehen: »Freude und Hoffnung, Trauer und Angst der Menschen von heute, besonders der Armen und Bedrängten aller Art, sind auch Freude und Hoffnung, Trauer und Angst der Jünger Christi.« Was nie gut herauskommt: Wenn jemand aus dem Häuschen ist, dann sind es bald auch andere …

Kreativität ist gefordert. Papst Franziskus hat das beim Weltjugendtreffen in Lissabon vor den Verantwortlichen in der Politik angesprochen. Selbstverständlich kam die Kritik zu Recht, dass die Kreativität auch der Kirche abhandengekommen ist. Die Worte an die Verantwortlichen in der Politik gelten also auch den Verantwortlichen in der Kirche: »Die Welt braucht Europa, das wahre Europa: Sie braucht seine Rolle als Brückenbauer und als Friedensstifter in dessen östlichem Teil, im Mittelmeerraum, in Afrika und im Nahen Osten. So wird Europa in der Lage sein, auf dem internationalen Parkett seine besondere Originalität einzubringen, die sich im vergangenen Jahrhundert herausgebildet hat, als es aus dem Schmelztiegel der Weltkonflikte heraus den Funken der Versöhnung überspringen ließ. Dabei verwirklichte es den Traum, mit dem Feind von gestern das Morgen zu bauen sowie Wege des Dialogs, Wege der Integration zu eröffnen, indem es eine Friedensdiplomatie entwarf, die Konflikte ausräumen und Spannungen abbauen soll und die in der Lage ist, selbst die schwächsten Zeichen der Entspannung zu erkennen und zwischen den krummsten Zeilen zu lesen.«[97]

Ein weiter Horizont zahlt sich auch bei der Baustelle aus. Alles, was vollendet wird, offenbart auch den Horizont derjenigen, die es geplant und umgesetzt haben. Das gilt auch für Kirchengebäude.

97 https://www.vatican.va/content/francesco/de/speeches/2023/august/documents/20230802-portogallo-autorita.html.

Der perfekte Mensch

Der perfekte Mensch auf der Baustelle ist der Mensch, der nicht perfekt ist. In den Berufsbildern sieht es allerdings anders aus. Seelsorgende zum Beispiel müssten nach der Dienstordnung die perfekten Menschen sein. Dabei stehen sie im Dienst dessen, der sich als Auferstandener aufgrund seiner Wunden identifizieren lässt (vgl. Joh 20,24–29).

Der niederländische Priester und geistliche Autor Henri J. M. Nouwen (1932–1996) hat ein wertvolles Büchlein über den »perfekten« Menschen geschrieben: *Geheilt durch seine Wunden* (im englischen Original: *The Wounded Healer*, also: »Der verwundete Heiler«). Darin beschreibt er eine einleuchtende Begegnung:

Rabbi Joschua ben Levi traf den Propheten Elija, der vor dem Eingang zur Höhle Rabbi Simran ben Johais stand … Er fragte Elija: »Wann kommt der Messias?« Elija antwortete: »Geh und frag ihn selbst.«

»Wo ist er?«

»Er sitzt am Stadttor.«

»Wie kann ich ihn erkennen?«

»Er sitzt, über und über mit Wunden bedeckt, unter den Armen. Die anderen legen ihre Wunden auf einmal frei und verbinden sie dann wieder. Er aber nimmt immer nur einen Verband ab und legt ihn sofort wieder an; denn er sagt sich: ›Vielleicht braucht man mich: wenn ja, dann muss ich immer bereit sein und darf keinen Augenblick säumen.‹«[98]

---

98   Henri J. M. Nouwen, *Geheilt durch seine Wunden. Wege zu einer menschlichen Seelsorge*, Freiburg i. Br. 1979, 119–120.

Menschen auf der Baustelle sollen sich aussprechen dürfen und gehört werden; und sie hören auf andere und lassen sie aussprechen. Sie tauschen sich darüber aus, was sie trägt. Sie dürfen Menschen sein, die auf dem Weg sind. Sie dürfen einander vertrauen und müssen ihre eigenen Baustellen nicht verheimlichen. Das Private und die Arbeit können nicht einfach getrennt werden. Auch in der Arbeit sind wir der Mensch, der wir sind. Es geht nicht um eine Work-Life-Balance, so als ob die Arbeit nichts mit dem Leben zu tun hätte. Gott bewahre uns vor dieser Haltung! Wir bemühen uns um eine »Life-Balance«, sodass alles, was zum Leben gehört, den richtigen Platz findet. All das versuchen wir selber (die Leitung, die Verantwortlichen der verschiedenen Bereiche, das ganze Team) in der Propstei umzusetzen. Nicht dass es immer gelänge – wir sind ja auf einer Baustelle; aber bei allem Faszinierenden und Erschreckenden haben wir die Freude daran nicht verloren und werden sie hoffentlich nie verlieren.

Das gilt auch für die Verantwortlichen in der Kirche. Sie sind und dürfen »wounded healer« sein. Um diese Aufgabe wahrzunehmen, müssen sie von den Sockeln herunterkommen und bei den Menschen sein. »Wer Autorität ausübt, muss das barfuß tun!« So wurde es treffend im Oktober 2023 in der Synodenaula formuliert.[99]

---

99 https://www.vaticannews.va/de/vatikan/news/2023-10/synode-briefing-autoritaet-bischoefe-laien-frauendiakonat-barron.html.

Priesterinnen und Priester für eine Kirche, die anders ist

Diese Überschrift provoziert.[100] Bereits das erste Wort. Da merken wir gleich, in welchen Schwierigkeiten wir als Kirche stecken. Und die haben direkt zu tun mit der Ausbildung der Menschen, die eine besondere Verantwortung tragen. Das erste Wort des Titels erinnert uns an die Grundlage des Weihesakramentes, die wir oft vergessen: das Sakrament der Taufe. Dort wird allen zugesagt, dass sie zu Christus gehören, der Priester, König und Prophet ist. Daran gibt es nichts zu rütteln. Welchen Geschlechts auch immer sie sind: Alle Getauften haben Anteil am Priesteramt, Königsamt und Prophetenamt Christi. Es gibt sie also, die Priesterinnen in unserer Kirche. Selbstverständlich. Ein Grundsatz kirchlichen Lebens lautet: Lex orandi, lex credendi – die Kirche glaubt so, wie sie betet. Es lohnt sich, das nicht nur zu wissen und zu sagen, sondern vor allem: es zu leben.

Auch der zweite Teil der Überschrift provoziert: »für eine Kirche, die anders ist«. Wir brauchen nicht eine andere Kirche, aber eine Kirche, die anders ist. Diese Einsicht des großen französischen Theologen Yves Congar (1904–1995) hat Papst Franziskus am 9. Oktober 2019 wiederholt.[101] Wenn wir eine Kirche brauchen, die anders ist, so hat das große Auswirkungen auf die Ausbildung der Priester und – hoffentlich bald – der Pries-

---

100 Ausführlichere Darstellung: Martin Werlen, *Priesterinnen und Priester für eine Kirche, die anders ist*. In: Alois Joh. Buch / Josef Freitag (Hg.), *Ausbildung und Dienst künftiger Priester. Herausforderungen – Vergewisserungen – Perspektiven*, Freiburg i. Br. 2022, 101–115.

101 https://www.vatican.va/content/francesco/de/speeches/2021/october/documents/20211009-apertura-camminosinodale.html.

terinnen. Wir brauchen Priesterinnen und Priester für eine Kirche, die anders ist. Das ist die Herausforderung: in welchem Sinne soll die Kirche anders sein? Da merken wir gleich, dass es heute besonders spannend ist, Kirche zu sein. Vielleicht so spannend wie schon lange nicht mehr. Keine Alternative für Glaubende ist: sich abzuschotten und zu warten, bis der Sturm vorüber ist. Wir sind aus verschiedenen Gründen herausgefordert, Kirche neu zu entdecken und neu zu leben. Vergessen wir nicht: Die Kirche ist eine riesige Baustelle, auf der wir alle arbeiten dürfen.

Dass wir eine Kirche brauchen, die anders ist, hat nicht zuletzt auch mit den Priestern und ihrer Ausbildung zu tun. Dazu gehören die jungen, die mittelalten und die alten Priester, die Bischöfe und der Papst. Die Kirche hat in vielen Bereichen versagt und ihre Berufung verraten. Sie spricht an den Menschen vorbei. Sie dreht sich um sich selbst. Da wird so viel Gutes, was durch die Kirche Tag für Tag geschieht, von der Öffentlichkeit kaum wahrgenommen. Es wird von den negativen Schlagzeilen in den Schatten gestellt. Menschen laufen protestierend, resigniert oder unberührt davon. In dieser Situation reicht es nicht mehr, ein paar kleine Anpassungen zu machen oder hier oder dort etwas zu ändern. Das genügt auch nicht bei der Ausbildung der Priesterinnen und Priester. Das Zweite Vatikanische Konzil bezeichnet das Priesterseminar als das »Herz der Diözese« (Optatam Totius, 15). Also: Hier ist großer Handlungsbedarf! Es geht, sozusagen, um eine Herzoperation. Die besteht aber nicht darin, dass das diözesane Seminar umgestaltet wird. Vielmehr muss das Herz anderswo lokalisiert werden. Denn hier hat sich das Konzil geirrt. Das »Herz der Diözese« sind die Menschen, die Gott am Herzen liegen. Von dieser Herzenssache aus müssen die Ausbildungsstätten neu gestaltet werden.

Synodalität, Nachfolge und Lebensstil

Jede Baustelle lehrt uns die Synodalität, das Miteinander-auf-dem-Weg-Sein. Die Fähigkeit zum Miteinander ist eine Voraussetzung für die Nachfolge Christi. Gottes Wort ist eindeutig: »Nicht gut ist, dass der Mensch allein sei« (Gen 2,18). Das gilt auch für priesterliche Menschen – besonders für sie. Jesus sandte seine Jüngerinnen und Jünger mindestens zu zweit aus: »Danach bestellte der Herr noch andere, zweiundsiebzig, und sandte sie zu zweit vor seinem Angesicht her in jede Stadt und Ortschaft, wohin er kommen wollte« (Lk 10,1). Die Fokussierung auf die zölibatäre Lebensform in den vergangenen Jahrzehnten hat diese Weisung immer mehr außer Acht geraten lassen. Kritisch fragt Fridolin Stier: »Spiritualität – was ist sie, worin besteht sie, worin äußert sie sich? Und: warum ist gerade der Verzicht auf Weib und Kind das Mittel der Wahl, sie zu realisieren? Warum nicht ebenso Verzicht auf Besitz, Herrschaft, Ehre, was sich direkt mit Weisungen Jesu begründen ließe?«[102] Die Folgen der ausschließlichen Betonung des zölibatären Lebens sind im persönlichen Leben und in der Glaubwürdigkeit gravierend: Vereinsamung, Verwahrlosung, Eigensinn, Abgehobensein. Da gibt es die, die den Kontakt zu den Menschen verlieren und Menschen zur Befriedigung eigener Bedürfnisse suchen. »Nicht gut ist, dass der Mensch allein sei.« Darum hat der heilige Augustinus eine Priestergemeinschaft gegründet – und viele andere nach ihm. Je mehr die Priester allein blieben,

---

102 Fridolin Stier, *Vielleicht ist irgendwo Tag. Die Aufzeichnungen und Erfahrungen eines großen Denkers*, Freiburg i. Br. ²1994, 105.

umso mehr ist die synodale Dimension, die wesentlich zur Kirche gehört, verloren gegangen. Wie in monarchischen oder aristokratischen Staaten wurde von oben gesagt, was unten zu tun war. Kirche ist immer als Gemeinschaft unterwegs – oder sie ist nicht als Kirche unterwegs.

In der Propstei zeigt sich dieses Miteinander besonders bei der Arbeit im Großraumbüro. Stellen wir uns einmal Jesus und seine Jüngerinnen und Jünger in Einzelbüros vor, wie das heute noch in der Kirche üblich ist – leider auch in Klöstern! In den Gängen mit unzähligen Türen ist kaum etwas von dem Feuer zu spüren, das nach dem Willen Jesu brennen sollte (vgl. Lk 12,49). Jeder für sich. Wie anders ist das im Evangelium: Das Miteinander ist und bleibt entscheidend. Das wird eindrücklich sichtbar in der Schilderung, wie Judas im Zwölferkreis ersetzt wurde. Da wurde nicht ein gelehrter Einzelgänger gesucht, sondern ein erfahrener Gemeinschaftsmensch. So lesen wir in der Apostelgeschichte: »Von den Männern also, die in all der Zeit mit uns gegangen, da bei uns ein und aus ging der Herr Jesus – angefangen von des Johannes Taufe bis zu dem Tag, an dem er fort von uns hinaufgenommen ward –, von denen einer muss mit uns Zeuge seiner Auferstehung werden« (Apg 1,21–22). Ist nicht das gemeinsame Unterwegssein – das Zweite Vatikanische Konzil spricht vom Volk Gottes auf dem Weg – genau das, was Kirche auszeichnen sollte und was seit Jahrhunderten immer mehr fehlt?

Als Papst Franziskus die Bedeutung der Synodalität der Kirche neu ins kirchliche Bewusstsein gerufen hat, sagte er: »Genau dieser Weg der Synodalität ist das, was Gott sich von der Kirche des dritten Jahrtausends erwartet. Was der Herr von uns verlangt, ist in gewisser Weise schon im Wort ›Synode‹ enthalten. Gemeinsam voranzugehen – Laien, Hirten und der Bischof von Rom –, ist ein Konzept, das sich leicht in Worte fassen lässt, aber nicht so leicht umzusetzen ist.«[103] Das Miteinander soll uns auszeichnen, nicht das Nebeneinander oder sogar das Gegeneinander. Als wie viel orthodoxer, evangelischer, pfingstlicher und katholischer würden wir doch wahrgenommen, wenn die Verantwortlichen in der Leitung gemeinsam arbeiten würden! Das gilt für alle kirchlichen Institutionen: für Pfarreien, für Klöster, für theologische Fakultäten, für Ordinariate, für kirchliche Ausbildungsstätten, auch für die Kurie in Rom. Einige peinliche Dokumente bis in die Gegenwart wären uns so gewiss erspart geblieben! Als Getaufte könnten wir dazu beitragen, dass diese Kultur des Miteinanders, das wir im Evangelium lernen, auch in den Betrieben gelebt wird, in denen wir als Getaufte Verantwortung tragen. Nicht umsonst werden Großraumbüros »Kathedralen der Interaktion« genannt. Diese Kathedralen sind wichtiger als noch so wertvolle Gebäude.

Die Kirche ist zutiefst eine Erzählgemeinschaft. Das haben wir von unseren jüdischen Schwestern und Brüdern übernommen. Wir erzählen einander von unseren Begegnungen mit dem lebendigen Gott, der immer wieder so überraschend ist. Darum kennen wir die Geschichte von Mose und erzählen sie heute noch. Darum gehen die Jüngerin und der Jünger von Emmaus zu den anderen: »Und auf standen sie – noch zur selben Stunde, und kehrten nach Jerusalem zurück. Und dort fanden sie die Elf und jene, die mit ihnen waren. Die sagten: Wirklich – auferweckt ward der Herr, und er hat sich dem Simon sehen lassen! Auch sie berichteten, was auf dem Weg geschehen und wie er ihnen beim Brechen des Brotes kenntlich geworden« (Lk 24,33–35). Weil die Kirche zutiefst eine Erzähl-

103 https://www.vaticannews.va/de/vatikan/news/2021-05/vatikan-synode-kirche-mission-dokument-deutsch-wortlaut.html.

gemeinschaft ist, sind uns die vier Evangelien geschenkt. Ist es nicht gerade das, was wir leider weitgehend aus dem Blick verloren haben? Erzählen wir einander von unseren Begegnungen mit dem lebendigen Gott? Von unseren Gotteserfahrungen? Silja Walter hat mich dazu immer wieder ermutigt – auch mit ihrem Beispiel. Gott ist da. Darum sollen wir ihn mit offenen Augen und aufgeschreckten Ohren suchen. Das ist der Kern benediktinischen Lebens. Aus diesen Begegnungen können wir leben und unser Leben gestalten. So kann Paulus sagen: »Caritas Christi urget nos« – »Die Liebe Christi drängt uns« (2 Kor 5,14). Im geschwisterlichen Miteinander lernen wir, unsere Heilsgeschichte zu akzeptieren und dafür Gott zu danken. So werden auch die Baustellen im eigenen Leben zu Hochschulen des Miteinander-Lebens. Glücklich der Mensch, der sie nicht nur genervt aushält oder klagend oder verachtend vorübergehen lässt. In beidem, in diesem Miteinander und im Ruhen in sich selbst in der Gegenwart Gottes, hat selbstverständlich auch der Humor seinen Platz. Humor ist, wenn man trotzdem liebt. Es ist ein großes Geschenk, wenn wir in allen Schwierigkeiten das Schmunzeln und das Lachen nicht verlieren. Das ermutigt. Verbitterung hingegen lähmt. Uns hat die riesige Baustelle neben allem Ärger, der gekommen ist, vor allem zum Staunen, zum Handeln und Schmunzeln gebracht.

Diese Gelassenheit im Miteinander zeigt sich auch im Lebensstil. Papst Franziskus legt die Zusammenhänge zwischen dem Miteinander zwischen Gott und Mensch, dem Miteinander zwischen Mensch und Mensch und dem Miteinander zwischen dem Menschen und der ganzen Schöpfung in seiner Enzyklika *Laudato si'* ausführlich und konkret dar. »Wenn wir uns der Natur und der Umwelt ohne diese Offenheit für das Staunen und das Wunder nähern, wenn wir in unserer Beziehung zur Welt nicht mehr die Sprache der Geschwisterlichkeit und der Schönheit sprechen, wird unser Verhalten das des Herrschers, des Konsumenten oder des bloßen Ausbeuters der Ressourcen sein, der unfähig ist, seinen unmittelbaren Interessen eine Grenze zu setzen. Wenn wir uns hingegen allem, was existiert, innerlich verbunden fühlen, werden Genügsamkeit und Fürsorge von selbst aufkommen. Die Armut und die Einfachheit des heiligen Franziskus waren keine bloß äußerliche Askese, sondern etwas viel Radikaleres: ein Verzicht darauf, die Wirklichkeit in einen bloßen Gebrauchsgegenstand und ein Objekt der Herrschaft zu verwandeln. Andererseits legt der heilige Franziskus uns in Treue zur Heiligen Schrift nahe, die Natur als ein prächtiges Buch zu erkennen, in dem Gott zu uns spricht und einen Abglanz seiner Schönheit und Güte aufscheinen lässt« (11–12).

Miteinander ist vieles möglich, aber nicht das perfekte Haus. Das erwarten wir auch nicht. Wir bleiben auf dem Weg. Auch das Neuentstandene, für das wir dankbar sind und das wir bewundern, ist nicht für die Ewigkeit bestimmt. Dessen sollten wir uns bei allem Neuen, das wir wagen, bewusst sein. Tragisch ist es, wenn kreative Leute bei dem Geschaffenen stehen bleiben, das sie entstehen ließen, und der Kreativität der nächsten Generation verhindernd im Wege sind.

»Auf Hoffnung hin« (Röm 8,20)

»Auf Hoffnung hin« – diese Perspektive stammt aus dem Brief, den der heilige Paulus um die Jahre 55/56 an die Gemeinde in Rom geschrieben hat. Er beabsichtigte, diese Gemeinde zu besuchen, und der Brief sollte darauf vorbereiten. Paulus schreibt es klar und deutlich: Die ganze Schöpfung lebt auf Hoffnung hin. Das erfahren wir besonders dann, wenn wir aus der Oberflächlichkeit herausgerissen werden. Das kann doch nicht alles sein! Das erfahren wir auch, wenn wir mit offenen Augen und aufgeschreckten Ohren durchs Leben gehen.

Der heilige Paulus sagt da etwas, was ich ohne die Baustellen kaum so wahrgenommen hätte. Wir wissen, wie wichtig die Hoffnung ist. Kein Mensch kann sein Leben bestehen, wenn die Hoffnung abhandenkommt. Es ist schrecklich, wenn wir die Hoffnung verlieren. Da sind wir uns wohl einig. Über die Kraft der Hoffnung für uns Menschen und ihre Bedeutung wird viel gesprochen, diskutiert und nachgedacht. Aber Paulus geht da noch viel weiter. Er spricht davon, dass die ganze Schöpfung »auf Hoffnung hin« lebt. Die ganze Schöpfung lebt auf die Vollendung hin.

Hoffnung ist die Kraft, die durch alles trägt. Das finde ich eine großartige Definition. Jedes Gerüst zeugt von dieser Hoffnung. Gerüste stehen da, weil jemand die Zukunft vorbereitet. Wenn alles zum Davonlaufen ist und ich trotzdem bleibe, erfahre ich diese Kraft. Hoffnung ist also nicht eine Projektion in die Zukunft: Es wird schon wieder gut. Nein, Hoffnung ist mir viel näher. Sie ist die Kraft, die durch alles trägt. Und diese Kraft darf ich immer wieder erfahren. Gott sei Dank!

Oft sagen wir »Ich hoffe« und sind dabei doch weit entfernt von der Tiefe der Kraft, die durch alles trägt. »Ich hoffe«, das kann im Alltagsgespräch viel bedeuten. Manchmal nähren wir damit unsere Illusionen, in denen wir leben. Wenn ich hoffe, dass morgen schönes Wetter ist, ist das ein Wunschdenken. Es ist nicht wert, Hoffnung genannt zu werden. Wie viel anders ist es bei dem berühmten Wort von Karl Valentin, das wir bereits kennengelernt und über das wir vielleicht geschmunzelt haben. Aber die Kraft der Hoffnung, die dahintersteckt, haben wir bisher nicht realisiert: »Ich freue mich, wenn es regnet, denn wenn ich mich nicht freue, regnet es auch.« Hoffnung ist die Kraft, die durch alles trägt – gerade dann, wenn es nicht so geht, wie wir es uns wünschen. Denken wir an viele Menschen, die durch Naturkatastrophen alles verloren haben – außer der Hoffnung. Sie geben nicht auf. Sie beginnen neu. Und vergessen wir die Opfer der Kriege nicht. Jeden Tag können wir in den Medien von Menschen erfahren, die aus dieser unvorstellbaren Kraft leben, die durch alles trägt. Das berührt tief. Oder denken wir an die Erfahrung von Krankheit und Tod. Plötzlich ist es so, als ob wir den Boden unter den Füßen verlieren würden. Und trotzdem gehen wir nicht unter. Früher oder später leben wir alle aus dieser Kraft.

Das Leben durchbricht alle Verhärtung – wie eine kleine Pflanze den Asphalt. Das Leben ist stärker. Wann immer wir das erfahren, geht uns auf: Hoffnung ist nicht nur etwas Schönes, Hoffnung gehört wesentlich zum Leben mit seinen oft schrecklichen Herausforderungen. Hoffnung gehört zur DNA unseres Lebens. Sie ist nicht ein Abwarten auf die Zukunft, sondern ein Erwarten im Hier und Jetzt. Für Pessimismus ist es sowieso zu spät.

Jetzt aber zurück zum heiligen Paulus. Selbstverständlich würde er das bis jetzt Gesagte unterschreiben. »Auf Hoffnung hin« ist unser Leben angelegt. Aber er geht noch viel weiter. Nicht nur der Mensch, sondern die ganze Schöpfung ist »auf

Hoffnung hin« angelegt. Das ist leicht gesagt. Aber stimmt das auch tatsächlich? Als ich dem nachgegangen bin, habe ich zu staunen begonnen. Tatsächlich: Die ganze Schöpfung ist auf Hoffnung hin unterwegs. Das Symbolbild »Kleine Pflanze durchbricht den Asphalt« steht nicht nur für die Hoffnung des Menschen, der am Schwierigen nicht zerbricht. Bevor es Symbolbild ist, hält es uns vor Augen, dass die Pflanze auf Hoffnung hin geschaffen ist. Der kleine Same hat sich durch alles, was für Unmöglichkeit spricht, hindurchgezwängt und das Leben gefunden. Der Hund, der sein Herrchen verloren hat, verzweifelt nicht und begibt sich auf die Suche, in allen Gassen und Ecken. Die Fliege, die sich in mein Zimmer verirrt hat, sucht unermüdlich nach dem Ausweg. Die dürren Äste des kahlen Baumes füllen sich im Frühling in kürzester Zeit mit Leben. Wer die Augen nicht verschließt, merkt bald einmal, wie recht der heilige Paulus hat: Die ganze Schöpfung ist auf Hoffnung hin geschaffen. Da merken wir: Die Hoffnung ist weit mehr als die Wunschbilder, die sich ein Mensch machen kann. Das »Prinzip Hoffnung«, wie Ernst Bloch es formuliert, zeichnet nicht nur den Menschen aus, sondern die ganze Schöpfung.

Vielleicht

Und wenn die Hoffnung schwindet? Albert Camus hat den letzten Sinn des Lebens im Ertragen der Hoffnungslosigkeit gesehen. Er meinte, wir müssten uns Sisyphos, der seine sinnlose Arbeit tut, als glücklichen Menschen vorstellen. Mich würde das nicht durch alles tragen. Wir wissen um die Versuchung des Nihilismus, und wir alle kennen die Erfahrung, dass wir nahe am Verzweifeln sind. Da geht mir ein Wort auf, das mir immer wichtiger wird. In aller Dunkelheit hält es einen Lichtspalt offen. Es ist das Wort »vielleicht«. Der große König David, der sich ziemlich danebenbenommen hat, wird in aller Öffentlichkeit massiv angegriffen – sogar von seinem eigenen Sohn. Als ihn einer auf der Straße verflucht, wollen seine Beschützer eingreifen. Und was sagt der große König? »Wohl, mein Sohn, der aus meinem Leibe fuhr, trachtet mir nach der Seele, wie denn nun erst der Binjaminit! Lasset ihn, er soll lästern, wenn denn ER es ihm zusprach, – vielleicht sieht dann ER auf mein Elend, lässt mir Gutes ER wiederkehren anstatt seiner Lästerung am heutigen Tag« (2 Sam 16,11–12). Vielleicht. Er weiß es nicht. Er hofft es. Es ist das Vielleicht des Glaubens in aller Not. »Vielleicht sieht ER auf mein Elend, lässt mir Gutes ER wiederkehren.« Dieses Vielleicht des Glaubens in aller Not finden wir auch im Titel des Tagebuches von Fridolin Stier, dieser großen prophetischen Stimme des 20. Jahrhunderts: *Vielleicht ist irgendwo Tag*. Es ist ein Zitat aus einem seiner Gedichte:

Vielleicht ...

Aus dem Spalt
in der Wand
des Alls
in das finstre
Verlies
brach plötzlich
o schön!
ein Schein
und schwand.

Ist vielleicht?
Ist irgendwo?
Vielleicht
ist
irgendwo
Tag.[104]

Das Wort »vielleicht« ist wichtiger, als wir es oft wahrnehmen. Tragen wir Sorge für es und setzen wir es behutsam ein. Seine tiefe Bedeutung im Leben bringt uns eine chassidische Geschichte näher: »*Vielleicht ist es wahr,* sagte der Chassid zum Zweifler, und dieses *Vielleicht* wog schwerer als all die Zweifel.«[105]

---

104 Fridolin Stier, *Vielleicht ist irgendwo Tag. Die Aufzeichnungen und Erfahrungen eines großen Denkers*, Freiburg i. Br. ²1994, 108.
105 Fridolin Stier, *An der Wurzel der Berge. Aufzeichnungen II*, Freiburg i. Br. 1984, 234.

Lichtblick

In dieser Betrachtungsweise der Hoffnung liegt sie in der DNA aller Schöpfung. Genauso wie es der heilige Paulus sagt: Die ganze Schöpfung ist auf Hoffnung hin.

Das Symbolbild »Kleine Pflanze durchbricht den Asphalt« ist für mich persönlich zu einem besonderen Bild der Hoffnung geworden. Ich habe es am 16. Oktober 2021 um 9.42 Uhr gemacht. Ich war – wie es sich gehört – mit der Bahn in Deutschland unterwegs. Der Regionalzug, in dem ich mit vielen anderen Reisenden saß, musste längere Zeit wegen anderer Züge warten, die sich durch Verspätung auszeichneten. Es war auf dem Bahnhof Kißlegg. Die Atmosphäre war nach wiederholten Durchsagen, dass sich die Weiterfahrt um weitere zehn Minuten verschiebe, offensichtlich nicht nur wohlwollend gegenüber der Deutschen Bahn. Da stieg ein junger Mann aus Syrien oder aus Afghanistan – so legte es mir jedenfalls sein Äußeres nahe – aus dem Zug. Vielleicht aus Ärger? Oder um eine Zigarette zu rauchen? Ich las in den Aufzeichnungen von Fridolin Stier zügig weiter. Als ich wieder aus dem Fenster schaute, sah ich den jungen Mann neben dem Zug am Boden liegen. Wahrscheinlich hatte er einen Schwächeanfall, dachte ich und stieg sofort aus dem Zug. Nein, er hatte keinen Schwächeanfall. Er hatte beim Warten im Zug draußen auf dem Bahnsteig das kleine Blümlein entdeckt, das sich durch den Asphalt gestemmt hatte, legte sich auf den Boden und fotografierte dieses Wunder des Lebens. Angesteckt von seiner Achtsamkeit legte auch ich mich auf den Boden. So entstand das Bild, das ich seither immer mit mir trage. Es erinnert mich an die Hoffnung, die viele Menschen aus ihrer Heimat zu uns geführt und getragen hat – durch alles hindurch.

Alles ist auf Hoffnung hin geschaffen. Daran erinnert mich jeder Mensch, jedes Tier, jede Pflanze, jede Baustelle. Wenn wirklich alles auf Hoffnung hin geschaffen ist, gehen wir anders miteinander um in unserem gemeinsamen Haus. So schimpfen wir auf der Gartenterrasse der Propstei St. Gerold nicht mehr über die Wespen und versuchen sie auch nicht zu erschlagen. Wir laden auch die Gäste ein, mit der ganzen Schöpfung wohlwollend umzugehen. Auf jedem Tisch steht diese tierisch-ernste Mitteilung mit Bildern von Wespen: »Hallo, da bin ich! Wir (Wespen) sind wichtig für das Gesamt der Schöpfung. Zugegeben: Bei Tisch können wir ganz gehörig nerven. Dabei erledigen wir nur unsere Arbeit. Tragt Sorge zu uns! Auf wegscheuchende Handbewegungen reagieren wir angriffig, weil uns unser Leben wichtig ist. Darum: Ruhig den Wassersprayer vom Tisch nehmen und uns direkt ansprühen. Aber aufgepasst, wenn die Schwiegermutter dahinter sitzt, denn erfahrungsgemäß entfernt sie sich nicht wie wir in aller Ruhe. Für uns bedeutet der Wasserspray Regen, bei dem wir uns zurückziehen und den Platzregen auch gerne unseren Kolleginnen und Kollegen melden. Guten Appetit!«

Zum guten Ende: Aufatmen

Je mehr wir das Prinzip Hoffnung in der ganzen Schöpfung staunend entdecken, umso größer wird die Sorge für unser gemeinsames Haus. Wir begegnen der Hoffnung Schritt auf Schritt: Im Regenwurm, der unseren Arbeitsweg kreuzt, genauso wie im Baumstumpf, der wieder zu keimen beginnt. Die Sorge für Nachhaltigkeit wird in dieser Perspektive selbstverständlich. Wir werden gerne darauf verzichten, kurzsichtig unsere Wünsche zu verwirklichen. Wir werden nicht mehr auf unser Recht pochen, noch mehr Lebensraum zuzubetonieren. Viele Baustellen können wir dann anders und kreativ angehen: Migration, Integration, demografischer Wandel, Klimawandel, Digitalisierung, Globalisierung usw.

Das lässt uns aufatmen. Denn jetzt steht nicht mehr der Mensch im Mittelpunkt und kreist – zum Schrecken aller – um sich selbst. Die Krone der Schöpfung ist nicht der Mensch, sondern der Sabbat. Auf den Sabbat hin geschieht die Schöpfung in dem großartigen Schöpfungsmythos im ersten Buch der Heiligen Schrift: »Vollendet waren der Himmel und die Erde, und all ihre Schar. Vollendet hatte Gott am siebenten Tag seine Arbeit, die er machte, und feierte am siebenten Tag von all seiner Arbeit, die er machte. Gott segnete den siebenten Tag und heiligte ihn, denn an ihm feierte er von all seiner Arbeit, die machend Gott schuf« (Gen 2,1–3). In der jüdischen Tradition ist dies der Sabbat, in der christlichen Tradition hat der Sonntag, der Auferstehungstag Jesu Christi, diese zentrale Aufgabe übernommen. Die ganze Schöpfung lebt in der Gegenwart Gottes – das Bild des Himmels.

Der jüdische Schriftgelehrte Abraham Joshua Heschel (1907–1972) legt in seinem Werk über den Sabbat dessen

Wesen dar.[106] Mithilfe seiner Worte können wir besser erahnen, was auf die ganze Schöpfung wartet. Dies gibt auch den vielen Baustellen des Lebens eine große Perspektive und eine tiefe Dimension. Die Einsichten Heschels zum Sabbat – alle Zitate sind aus seinem Buch in eigener Übersetzung – können leicht auf die Bedeutung des Sonntags übertragen werden. Viele Entwicklungen in der Kirche müssen von dieser Zielsetzung der Schöpfung her kritisch betrachtet und auch korrigiert werden. Papst Franziskus geht dies an mit seiner Enzyklika *Laudato si'* (2015) und dem diese fortsetzenden Brief *Laudate Deum* (2023). In diesen Schreiben ist der Sabbat-Gedanke mit dieser ganzheitlichen Betrachtungsweise aufgenommen.

Was ist der Sabbat? Grundsätzlich gilt: »In einer religiösen Erfahrung ist es nicht eine Sache, die uns imponiert, sondern eine spirituelle Gegenwart.« Wie bringen wir diese zum Ausdruck? »Einige Religionen bauen große Kathedralen, für das Judentum ist der Sabbat eine Architektur in der Zeit. … Der Sabbat ist unsere große Kathedrale.« Übrigens: Das Wort »heilig« kommt in der Heiligen Schrift zum ersten Mal im Zusammenhang mit dem Sabbat vor: »Gott segnete den siebenten Tag und heiligte ihn« (Gen 2,3).

Gott offenbart sich in Ereignissen der Geschichte. Das Wichtigste des Glaubens liegt im Bereich der Zeit. Und genau diese Zeit wurde von Gott selbst geheiligt, alles andere in Zukunft im Auftrag Gottes durch Menschen. »An sechs Tagen beschäftigen wir uns mit der Welt. Am Sabbat sorgen wir uns um den Samen der Ewigkeit, der in uns eingepflanzt ist.« Der Sabbat hat also nicht nur mit dem Menschen zu tun, sondern mit der ganzen Schöpfung: »Zuletzt in der Erschaffung, zuerst in der Absicht: Der Sabbat ist das Ziel der Schöpfung von

---

106 Abraham Joshua Heschel, *The Sabbath*, New York 1951.

Himmel und Erde.« So geht uns auch auf, welche Bedeutung der wöchentliche Sabbat hat. Wir ruhen uns nicht aus, damit wir in der neuen Arbeitswoche wieder fit sind. Im Gegenteil: Der Sabbat ist nicht für die Werktage da, die Werktage sind vielmehr im Hinblick auf den Sabbat da. Die Erfahrung des Sabbats ist nicht eine Unterbrechung, sondern der Höhepunkt des Lebens. »Der Sabbat ist der Inspirierer, die anderen Tage sind die Inspirierten.« Da wird die Liebe zum wöchentlichen Sabbat selbstverständlich. Er ist ein Fenster in die Ewigkeit. Er ist nicht so sehr ein Datum, sondern vielmehr eine Atmosphäre. Der Sabbat ist nicht eine Zurückweisung der Zivilisation, sondern eine gewisse Unabhängigkeit von allem, was uns in Beschlag nehmen kann. Niemand soll versklavt werden – von wem oder von was auch immer. Der Sabbat ist »ein Palast in der Zeit – in dieser Dimension ist das Menschliche mit dem Göttlichen daheim«.

Wir freuen uns mit der ganzen Schöpfung auf den Sabbat, die Erfüllung unserer Sehnsucht nach Leben. Denn die Hoffnung, die Kraft, die durch alles trägt, trägt auch durch den Tod. Das gilt für die ganze Schöpfung – denn sie ist auf Hoffnung hin geschaffen. Das ist eine Zukunftsperspektive für die ganze Schöpfung! Wir sind zusammen mit allem, was lebt, eine Sabbatgemeinschaft (Jürgen Moltmann). Im ewigen Sabbat ist dieses Miteinander in der Gegenwart Gottes erfüllt.

Wie können wir die Sabbats- bzw. Sonntagskultur neu entdecken? Der Sabbat ist ein Raum, in dem wir Woche für Woche aufatmen können. Im Mittelpunkt steht das Miteinander: das Miteinander von Schöpfer und Schöpfung und das Miteinander der Geschöpfe. Letzteres wird uns erst so richtig bewusst, wenn nicht der Mensch als Krönung der Schöpfung betrachtet wird, sondern der Sabbat. Mir persönlich ist der Gottesdienst zusammen mit anderen am Sonntag zentral:

Gott begegnen in seinem Wort, im Sakrament der Eucharistie, in der Gemeinschaft Gott-Suchender. Mit der sogenannten Sonntagspflicht kann ich nicht viel anfangen. Wenn man das Gute zur Pflicht macht, verliert es seine Tiefe. Was passiert zum Beispiel mit dem Kuss, wenn er zur Pflicht erklärt wird?! Ich finde es wichtig, dazu beizutragen, dass möglichst wenige Menschen am Sonntag arbeiten müssen. Ein gemeinsamer Feiertag, der einem Großteil der Gesellschaft möglich ist, trägt viel dazu bei, dass die Gemeinschaft aufgebaut wird und das Ziel all unseres Tuns nicht außer Sicht gerät. Wer am Sonntag arbeiten muss, soll dafür auch dementsprechend entlohnt werden. »Die Wirtschaft muss dem Menschen dienen, nicht die Menschen der Wirtschaft«, das habe ich vor mehr als zehn Jahren auf einer Medienkonferenz für den Sonntag gesagt. Heute weite ich diese Aussage dank der Erfahrung auf unseren Baustellen aus: Die Wirtschaft muss der Schöpfung dienen, nicht die Schöpfung der Wirtschaft. Jeder Sonntag ist ein Feiertag der ganzen Schöpfung. Wie gut passt dazu, dass wir gemeinsam einen Spaziergang unternehmen und in der Natur zum Innehalten und Staunen kommen. Einen besonderen Wert in unserer Zeit haben gemeinsame Mahlzeiten, nicht einfach nur zur Nahrungsaufnahme, sondern zum Feiern der Gemeinschaft. Dieser Tag lädt uns auch ein, auf Menschen zuzugehen, die wir zu lange außer Acht gelassen haben.

Was ist Sabbat? Was antworten wir, wenn uns ein Kind danach fragt? Vielleicht kann uns ein Kind darauf besser Antwort geben. Fragen wir doch einfach zurück. Das habe ich auch bei mir selbst getan. Welche Sonntagserinnerung steigt bei mir aus der Kinderzeit auf? Ich dachte an die Sonntagsspaziergänge unserer Familie. Nicht alle sind mir in guter Erinnerung. Aber plötzlich stieg eine Erinnerung auf, die schon seit vielen Jahrzehnten nicht mehr da war, und es wurde mir warm ums Herz:

die autofreien Sonntage in den 70er-Jahren des vergangenen Jahrhunderts. Die Straßen wurden zum Ort der Volksfeste. Wir waren miteinander draußen: jung und alt, arm und reich. Kreativität wurde geweckt. Unser Vater bastelte für uns Kinder Holzstelzen. Wir freuten uns miteinander auf den Sonntag. Ob nicht in der Zeit des Klimawandels, der fehlenden Kreativität und des ausgeprägten Individualismus solche Sabbat-Erfahrungen wieder gewagt werden sollten? Und ob sich nicht gerade die Kirche dafür einsetzen sollte, zusammen mit den vielen Menschen, die in der Gegenwart und für die Zukunft Verantwortung übernehmen wollen? Autofreie Sonntage würde hervorragend in die Baustellen unserer Zeit passen und all unser Tun und Lassen inspirieren. Die ganze Schöpfung würde aufatmen. Wir alle dürften erahnen, was Jesus uns verheißt: »Im Hause meines Vaters sind viele Bleiben« (Joh 14,2).

Jede Baustelle weist auf den Sabbat hin, auf dieses ewige Fest der ganzen Schöpfung in der Gegenwart Gottes. Sie ist ein deutliches Zeichen der Hoffnung. Eine Baustelle, die nicht auf diese Vollendung hin ausgerichtet ist, greift zu kurz. Jede Baustelle, die vom Sabbat inspiriert ist, überrascht und lässt aufatmen. Das zeigt, wie wichtig es wäre, eine Kultur des Sabbats oder des Sonntags neu zu entdecken. Ansonsten bleibt unser Mühen weit hinter unseren Möglichkeiten, für die wir erschaffen sind. Wie eindrücklich und mit einfachen Worten ist das in einem Psalm zum Ausdruck gebracht:

> Will ER ein Haus nicht erbauen,
> wahnhaft mühn sich dran seine Erbauer.
> (Ps 127,1)

Lassen wir die Baustellen, denen wir wo auch immer begegnen, uns Wegweiser zum Ziel unseres Lebens sein! Dafür mühen wir uns in unseren Baustellen ab und sind dankbar für jede Ermutigung.

»Gepriesen der Gott und Vater unseres Herrn Jesus des Messias, der Vater der Barmherzigkeit und Gott aller Ermutigung! Er ermutigt uns in all unserer Drangsal, auf dass wir vermögen euch zu ermutigen in aller Drangsal mit der Ermutigung, mit der wir selber von Gott ermutigt werden. Denn: So überströmend die Leiden des Messias auf uns eindringen, so überströmend ist auch unsere Ermutigung durch den Messias. Sind wir in Drangsal: so für euch – zur Ermutigung und Rettung. Werden wir ermutigt: so für euch – zur Ermutigung, die sich wirksam erweist im Ausharren in denselben Leiden, die auch wir zu leiden haben. Und unsere Hoffnung für euch steht fest, da wir wissen, dass ihr Teilhaber der Leiden seid, wie auch der Ermutigung« (2 Kor 1,3–7).

Glaube verträgt keine Isolation

Martin Werlen

Von Pharisäern mit Vorsicht zu genießen!

Raus aus dem Schneckenhaus!

Nur wer draußen ist, kann drinnen sein

HERDER

176 Seiten
Gebunden mit Schutzumschlag
ISBN 978-3-451-39204-7

Die Pandemie von 2020 zwang viele zum Drinnenbleiben, einige isolierten sich aus Schutz. Werlens Buch beleuchtet diese Isolation und die Pharisäer im Neuen Testament. Durch seine Betrachtung erscheinen Jesus und sein Evangelium in einem neuen Licht. Werlen ermutigt zu offenem, mutigem Glauben, der gemeinsam die Zukunft gestaltet. Einige Pharisäer mögen Schwierigkeiten haben, doch einige erkennen: Nur wer draußen ist, kann drinnen sein!